가훈이 명문가를 만든다

가훈이
명문가를
만든다

초판 1쇄 인쇄 2018년 2월 07일
초판 1쇄 발행 2018년 2월 14일

지은이 | 권태성
펴낸이 | 전영화
펴낸곳 | 다연
주　소 | (413-120) 경기도 파주시 문발로 115 세종출판벤처타운 404호
전　화 | 070-8700-8767
팩　스 | 031-814-8769
이메일 | dayeonbook@naver.com
편　집 | 미토스
디자인 | 디자인 [연:우]

ⓒ 권태성

ISBN 979-11-87962-40-3 (03320)

이 도서의 국립중앙도서관 출판예정도서목록(CIP)은 서지정보유통지원시스템 홈페이지
(http://seoji.nl.go.kr)와 국가자료공동목록시스템(http://www.nl.go.kr/kolisnet)에서
이용하실 수 있습니다.(CIP제어번호: CIP2018003935)

A Family Motto Makes Noble Family

가훈이
명문가를 만든다

권태성 지음

다연
DAYEONBOOK

'명가훈'으로 세상을 품은 명문가

가훈. 듣는 순간 딱 고리타분한 기운을 불러오는 단어다. 특히, 20-30 대를 비롯한 젊은 층에게 가훈은 호랑이 담배 피우던 시절의 전래동화 같은 느낌이겠다. 청소년들에게 가훈은 '가훈 쓰기'와 같은 학교 숙제 정도로 인식될지도 모르겠다. 사실, 그 윗세대들에게도 별반 다르지 않다. 먹고살기 바빴던 시절, 그저 '오늘도 무사히', '굶지 않고 배부르게' 가 곧 가훈이었을 테니까.

가훈이 으레 무겁게 느껴지는 이유는 반드시 따라야 할 것 같은 규율로 다가오기 때문이다. 계몽, 나아가 훈계의 성격이 강하다 보니 거부감이 드는 것도 사실이다. '-하자', '-하게' 등 강요하는 뉘앙스의 가훈이 주를 이루다 보니 벌어진 일이다. 평범한 집 대부분은 '정직', '근면', '성실' 등으로 대표되는 가훈을 하나쯤 내세우고 있다.

그렇다면 반문해보자. 정직, 근면, 성실 같은 가훈은 정말 후손들에게 대대손손 물려주고 싶은 가르침인가? 무언가 그럴싸한 단어들을 조합해 남들 보기에 좋은 가훈을 만든 것은 아닐까? 이들 단어의 의미와 가치에 딴죽을 걸려는 마음은 없다. 단지, 진심에서 우러나 후손들에게 물려주고 싶은 인생의 철학이자 실제적 가치를 가훈으로 정해야 한다는 이야기를 하고 싶은 것이다.

가훈이 반드시 존엄하고 고풍스러운 단어 및 표현을 품고 있어야 하는 것은 아니다. 있는 그대로의 날것도 좋고, 구체적인 지침도 좋다. 250년 금융 명문가로 유명한 로스차일드 가문은 '로스차일드가의 외척과 그 후손은 공동출자 경영자가 될 수 없다'라는 상당히 구체적인 가훈을 이어오고 있다.

이 책에 담은 명문가들의 이야기는 뻔히 예상되는 당연한 내용을 품고 있고, 그래서 다소 딱딱하고 진부한 위인전 같을 수도 있겠다. 경우에 따라서는 명확하게 '이 집안의 가훈은 이것이다'라고 콕 짚어주는 시원함도 없을 수 있다.

그럼에도 이 책이 독자들께 다가가야 할 가치는 충분하다고 감히 자부한다. 나는 이 책에 특정 가문이 왜 명문가로 불리는지, 명문가의 선조들은 도대체 어떤 가치를 추구하며 살았는지, 그들은 후대에 무엇을 물려주고자 했는지 등등 명문가 사람들의 인생 이야기를 담았다. 이를 통해 자연스럽게 명문가의 철학과 가치를 담은 가훈을 유추해보고자 했다. 또한 그들의 위력을 물질적 '부(富)'의 측면에서만 주목하는 것이 아니라, 가훈에 얽힌 정신적·사회적 유산까지 재조명하고자 했다.

한 집안의 정신적 대들보인 가훈은 오랜 세월에 걸쳐 선조가 후손에게 물려준 삶의 지혜이자 실전적 성공 노하우이자 이정표이다. 이 책은 총 5장에 걸쳐 발렌베리, 로스차일드, 록펠러, 케네디, 퀴리, 메디치, 파나소닉, 삼성, LG, 경주 최부자 가문 등 수십 년에서 수백 년 동안 세상에 기여하고 큰 영향력을 발휘한 동서양 명문가들의 가훈과 지혜를 담았다. 오늘날 더욱 치열해지는 경쟁 속에서 '어떻게 인생을 살 것인가?', '어떻게 성공할 것인가?', '매 순간 진화하는 이 사회 안에서 어떤 가치를 좇을 것인가?'에 대한 방향점을 찾는 데 이 책이 작게나마 도움되기를 바라마지 않는다.

끝으로 이 책이 세상에 빛을 보기까지 응원해준 사랑하는 아내와 아이들, 가족 및 주변 여러분에게 고마운 마음을 전한다. 또한 부족함 많은 필력에도 집필을 제안하고 함께 애써준 출판사 관계자들에게도 감사의 마음을 전한다.

권태성

CONTENTS

PART 2

명문가, 아시아 경제를 선도하다

PART 3

명문가, 정치로 세계를 이끌다

PART 4

명문가, 학문을 품다

PART 5

명문가, 문화예술을 꽃피우다

PART 1

명문가,
가훈의 힘으로 세계를 호령하다

발렌베리 가문

존경받는 부자가 되라

이건희 회장이 발렌베리그룹을 방문한 이유

사회적으로 무한한 존경을 받으며 기업경영을 해오고 있는 스웨덴의 명가, 발렌베리 가문. 이 글로벌 명가는 2003년 이건희 삼성전자 회장이 발렌베리그룹을 방문하면서 국내 언론의 집중을 받았다. 당시 재계에서는 상속과 후계자 문제로 고민하던 이 회장이 발렌베리 가문을 찾아 참고했다는 해석도 나왔다.

스웨덴 국내총생산(GDP)의 30퍼센트를 차지하는 발렌베리그룹은 스웨덴의 최대 기업이면서 동시에 스웨덴 국민이 가장 존경하는 기업이다. 수도 스톡홀롬 시청 앞 광장에는 발렌베리 가문을 부흥한 크누트 발렌베리의 동상이 서 있다. 시민들은 발렌베리 가문의 뜻을 기려 그의 흉상을 세웠다고 한다. 시내 한복판에 흉상을 세울 정도로 스웨덴 국민이 발렌베리 가문을 좋아했던 이유는 무엇일까? 이에 대한 답은 5대, 160여 년간 명맥을 이어온 발렌베리 가문의 가훈에서 찾을 수 있다.

'존경받는 부자가 되라.'

발렌베리 집안사람들은 매주 일요일 아침마다 이 가훈을 되새긴다. 이들은 아침 모임에서 존경받는 부자가 되고자 행한 선조들의 업적, 자신들과 후손들이 이루어야 할 향후 과제 등을 놓고 대화한다. 특히 가문의 연장자들은 멘토로서 후손들이 가훈의 의미를 진정으로 깨닫고, 이를 몸소 실천할 수 있도록 돕는다. 할아버지는 아이들과 함께 숲을 거닐면서 선조들의 위대한 업적을 들려준다. 집에 손님이 오면 아이들도 대화나 식사 자리에 참석하는데, 손님과 주고받는 이야기를 통해 아이들은 자연히 세상 보는 눈을 갖게 된다. 이는 3대손인 마쿠스 발렌베리 회장의 일기에 잘 드러나 있다.

나는 어렸을 때부터 '존경받는 부자가 되라'는 아버지의 말을 경청했다. 어렸을 때부터 자연스럽게 그룹 업무를 접하면서 경영에 관심이 생겼고, 아버지의 말씀을 들으며 의논하는 단계에 이르렀다. 또 할아버지는 나에게 그것을 행동으로 보여주는 선생님이었다. 나는 두 분으로부터 큰 영향을 받았다. 집안의 원칙을 나 몰라라 하는 것은 나에게는 있을 수 없는 일이었다.

발렌베리 가문의 후손들에게 사치는 먼 나라 이야기다. 형제자매들의 옷을 물려 입는 전통은 지금까지 지속되고 있다. 또한 어릴 때부터 집안일을 거들어 용돈을 받고 이를 저축하는 습관이 몸에 배어 있다. 그 결과 총 200여 명에 이르는 후손 중 그 누구도 호화로운 쇼핑 등으로 스웨덴 언론의 입방아에 오른 적이 없다.

철저한 독립경영 원칙도 발렌베리 가문과 그룹이 존경받는 또 하나의 이유다. 발렌베리그룹이 거느린 10여 개의 회사명에는 발렌베리라는 이름이 들어가지 않는다. 에릭슨, 일렉트로룩스, 사브, ABB, 스카니아 등 각 산업 분야에서 최고의 경쟁력을 갖춘 기업들은 발렌베리 가문이 일군 기업들이다. 회사는 그룹이 소유하고 있지만, 경영은 전문 경영인이 하고 있다는 의미다. 이 같은 전문 경영인 체제를 통해 발렌베리그룹 산하 기업들은 분식회계나 오너 친인척들의 독단적 경영에서 자유로울 뿐 아니라 기업경영을 건전하게 지속하고 있다.

후계자는 '존경'의 가치를 실현할 인물로

발렌베리그룹의 시초는 금융업이었다. 발렌베리그룹의 창업주 안드레 오스카 발렌베리는 1816년 스톡홀름에서 남쪽으로 200여 킬로미터 떨어진 린셰핑에서 출생했다. 그는 목사인 아버지와 부유한 상인 집안 출신인 어머니 사이에서 막내로 태어나 사랑받으며 자랐다. 안드레는 17세 되던 해 해군사관학교에 입학했지만, 군인의 삶이 아닌 다른 삶을 위해 미국으로 건너갔다.

미국에서 금융업에 눈을 뜬 안드레는 스웨덴으로 돌아와 1856년 금융사업에 투신하겠다는 결단을 내렸다. 그는 스웨덴은행 SEB의 전신인 스웨덴 최초 민간은행 스톡홀름엔스킬다은행을 세웠다. 그의 은행은 19세기 후반 스웨덴 경제의 부흥기를 타고 성장 가도를 달렸다. 은행업을 통해 큰 재산을 모은 그는 기업 인수합병에 눈을 돌렸고, 그 결과 오늘날의 발렌베리그룹이 탄생했다.

이후 발렌베리 가문의 첫 번째 결단이 이뤄졌다. 안드레가 21명의 자녀 가운데 혼외 자식인 크누트 아가손 발렌베리를 후계자로 낙점하는 예상 밖 결정을 내린 것이다. 그는 '존경받는 부자가 되라'는 자신의 유언을 철저히 지키는 인물을 찾아야 했다. 자신의 유지를 받들 적임자에게 그룹을 맡기면서 '존경받는 기업'을 만들고자 한 의지를 다시 한 번 확고히 한 것이다.

안드레의 선택은 결과적으로 옳았다. 크누트는 아버지의 권유에 따라 해군사관학교를 수석으로 입학했다. 졸업 후에는 군인의 길이 아닌, 프랑스계 은행에서 경험을 쌓았다. 이 역시 아버지의 결정에 따른 것이었다. 크누트는 런던과 파리 금융계 인사들과의 인맥을 바탕으로 경영 전면에 나선다. 당시 크누트는 발렌베리 가문이 한 단계 도약할 결정적인 기회를 잡는다. 스웨덴 은행법 개정에 따라 은행의 일반 기업 주식 소유와 경영 참여가 허용된 것이다. 크누트가 이끈 발렌베리그룹은 스톡홀름엔스킬다은행 아래 수많은 제조업체를 합법적으로 거느리며 한 단계 성장한다.

주목할 만한 점은 크누트 역시 후계자로 자신의 아들이 아닌 동생의 두 아들인 야콥 발렌베리와 마쿠스 발렌베리 주니어를 택했다는 것이다. 이 같은 결정은 창업주 안드레처럼 존경받는 기업을 만들고자 하는 의지에서 비롯됐다.

이미 오래전부터 장자 상속과 세습을 당연시해온 우리나라 입장에 다소 충격적이기까지 하다. 역사적으로 왕위는 첫째에게 우선적으로 세습됐고, 그마저도 남자여야만 했다. 국내 기업들의 경영권 세습도 첫째 중심이고, 나머지 형제들에게는 계열사를 떼어주는 식이다. 경영권을 세습할 자녀가 없으면 전문 경영인을 찾기보다는 조카를 양자로 삼는다. 그래도 최근에는 회사를 더 잘 이끌어갈 능력 있는 전문 경영인에게 경영을 맡기는 기업들도 조금씩 늘고 있으니, 다행이라 하겠다.

야콥과 마쿠스 주니어 시대는 발렌베리 가문이 어려움에 처해 있었던 시기이자, 스웨덴 최대 그룹으로 도약하는 계기가 된 시기이기도 하다. 당시 스웨덴 재계에서는 이바르 크뢰거라는 사업가가 이름을 날리고 있었다. 성냥 제조업자 아들로 태어난 크뢰거는 1920년대 후반 세계 성냥 시장의 절반을 장악할 정도의 거물이었다. 여기에 저돌적인 추진력과 인수합병에 관한 사업적 계산이 탁월하다는 평가를 받았다. 크뢰거 역시 막 성장을 시작한 발렌베리그룹에 눈독을 들였다. 다급해진 마쿠스 주니어는 크뢰거에게 거액을 지불하는 협상을 통해 발렌베리그룹을 지켜냈다. 이후 발렌베리 가문은 잠시 숨을 죽인 채 살아가야만 했다.

반전은 머지않아 대공황과 함께 찾아왔다. 미국부터 시작해 유럽까지 영향을 미친 대공황 여파로 크뢰거가 천문학적인 투자손실을 입으면서 자금난에 빠진 것이다. 여기에 분식회계 사실까지 세상에 공개되면서 파산이 불가피한 지경에 이르렀다. 결국, 크뢰거는 권총 자살이라는 극단적인 선택을 했다. 이후 발렌베리그룹의 모체인 스톡홀름엔스킬다은행은 크뢰거그룹에 대한 채권으로 당시 최대 알짜 기업이었던 에릭슨과 스웨덴 성냥을 헐값에 인수하며 스웨덴 최대 그룹으로 우뚝 설 전기를 마련했다.

철저한 후계자 검증

은행업에 뿌리를 둔 발렌베리그룹은 금융에서 건설, 기계, 전자까지 다방면으로 사업을 확장한 곳으로 유명하다. 그러나 더 유명한 것은 자녀들이 혹독한 시련을 겪으면서 자라도록 교육한다는 점이다. 해군 장교 복무, 부모 도움 없는 명문대 졸업, 해외 유학, 국제적인 금융 회사 취업 경력, 폭넓은 인맥 네트워크 등은 필수 조건이다.

특히, 후계자들 대부분 창업자인 안드레가 다녔던 해군사관학교를 졸업하고 장교로 복무하는 전통을 지켜왔다. 청소년 시절부터 험난한 바다생활을 경험할 수 있고, 옳은 판단력과 위기관리 능력, 호연지기를 기를 수 있기 때문이다. 군대에서 국가와 사회에 도움이 되는 열정을 기를 수 있고, 리더십·도덕심·애국심을 키울 수 있다고 본 것 역시 한몫했다. 외국과의 교류를 활발히 해야 한다는 안드레의 가르침도 후계자들을 바다로 나가게 하는 데 영향을 미쳤다.

부모 도움 없는 학업 역시 발렌베리 가문의 중요한 원칙이다. 발렌베리 후예들은 직접 학비를 벌어 돈의 소중함, 절약 정신, 성취감을 느끼며 가문의 정신을 이었다. 야콥과 마쿠스는 각각 미국 와튼스쿨과 조지워싱턴대학교를 자력으로 졸업했다.

이처럼 다양한 경험을 통해 쌓은 국제적인 인맥 네트워크는 발렌베리 가문이 세계적 기업으로 성장하는 데 큰 역할을 했다. 크누트는 제1차 세계대전 당시 스웨덴 외무장관을 지냈다. 크누트의 형제 마쿠스는 국제연맹의 금융위원회 위원장을, 그의 아들 마쿠스 2세는 국제상공회의소 회장을 지냈다.

금융으로 시작한 발렌베리 가문이 호텔경영에 뛰어들었다는 점도 흥미롭다. 발렌베리 가문은 1874년 스톡홀름에 그랜드호텔을 개업했는데, 이 호텔은 건물 자체가 문화재로 꼽힐 만큼 뛰어난 설계를 자랑한다. 또 해마다 노벨상 수상자들이 묵는 호텔로도 유명하다. 인맥을 중시하는 발렌베리 가문의 가풍이 호텔경영과 무관치 않다는 분석이다.

10년이 넘게 걸리는 까다로운 검증을 통해 발렌베리 가문은 가족경영을 이끌어갈 후계자를 선정해왔다. 전제 조건은 경영에 적합한 인물이어야 한다는 것이다. 재미있는 점은 발렌베리 가문이 후계자를 정하면서 150년간 변하지 않은 원칙이 있다는 것이다.

'리더는 언제나 두 명으로 한다.'

이는 견제와 균형을 통해 발전된 방향으로 회사를 이끌어가겠다는 가문의 철학과 이념이 묻어나는 대목이다.

기업 수익은 재단으로

발렌베리 가문은 '존경받는 부자'가 되고자 노블레스 오블리주(Nobless oblige)를 적극적으로 실천했다. 발렌베리그룹의 2대 경영자 크누트는 1917년, 현재 시가로 대략 250억 크로나(약 3조 5,000억 원)에 이르는 전 재산을 기부해 크누트&앨리스 발렌베리재단을 설립했다. 이는 노벨재단보다도 큰 규모다. 이 재단은 이후 스톡홀름경제대학교와 각급 도서관을 설립하는 등 공익사업에 적극 나서고 있고, 특히 과학 기술 분야 후원에 심혈을 기울이고 있다.

이후 기부 전통은 발렌베리 가문의 불문율로 자리 잡았다. 3대 경영자인 마쿠스 주니어 등을 비롯한 나머지 후손들 역시 자선재단을 만들어 지금까지 활발하게 운영 중이다. 마리앤느 마쿠스 발렌베리재단과 마쿠스&아말리아 발렌베리 추모재단 등이 그 대표적 예다. 그룹 전체의 20여 개 재단은 스웨덴 사회의 공익사업에 큰 힘을 실어주고 있다.

발렌베리 가문의 진정성은 이들의 재산 총액에서 확연하게 드러난다. 발렌베리그룹 산하 기업들의 시가총액은 스웨덴 증시의 절반가량을 차지하지만, 이들 가문이 보유한 주식과 재산은 다 합쳐서 수백억 원대에 그치는 것으로 알려졌다. 다른 산업계 명문가의 수조 달러를 넘나드는 재산과 비교하면 상당히 적은 수준인 셈이다. 이는 회사의 수익이 모두 재단으로 들어가는 구조로 돼 있기 때문이다. 재단은 수익 대부분을 스웨덴의 과학 기술 발전을 위한 자금으로 헌납한다. 이를 통해 기업의 이익을 자연스럽게 스웨덴 사회 전체로 되돌려주는 셈이다. 즉, 기업 활동을 통해 축적한 부를 자신들의 몫으로 돌리지 않고 기부와 자선 활동에 사용하고 있는 것이다. 발렌베리 가문은 이익의 85퍼센트를 법인세로 조성해 사회에 환원하는 것으로 알려져 있다. 이 때문에 발렌베리 가문은 막강한 영향력을 지녔으면서도 세계 1000대 부자 명단은 물론 스웨덴 100대 부자 명단에 이름을 올린 적이 없다.

화폐 만능주의 성향이 짙어지고 있는 우리에게 발렌베리 가문의 노블레스 오블리주가 시사하는 바는 상당히 크다. 화폐 만능주의는 젊은 연령대에까지 영향을 미치면서 우리 사회를 씁쓸하게 하고 있다. 지난 2013년 한 단체가 서울과 경기 지역의 청소년들을 대상으로 설문조사를 실시했다. '10억 원이 생긴다면 잘못을 하고 1년 동안 감옥에 가도 괜찮은가'라는 질문에 대한 답변을 분석한 것이다. 이 질문에 44퍼센트의 고등학생이 '그렇다'라고 답했다. 중학생은 28퍼센트, 초등학생은 12퍼센트로 연령대가 높아질수록 윤리의식이 떨어지는 것으로 나타났다. 자본이 최우선시되는 안타까운 사회의 단면이 아닐 수 없다.

발렌베리 가문의 노블레스 오블리주가 잘 드러난 일화도 있다. 발렌베리 가문 중 한 인물의 일대기가 영화로 제작되기도 했는데, 바로 영화 〈굿모닝 미스터 발렌베리〉다. 이 영화의 실제 주인공은 라울 발렌베리다. 안드레의 증손자로 태어난 그는 미시간대학교 건축학과를 졸업한 뒤 은행업에 종사했다. 이후 26세 되던 해에 가문을 대표해 팔레스타인으로 파견됐고, 유럽에서 피난 온 수많은 유대인을 만나면서 그의 인생은 전환점을 맞았다. 나치가 유대인을 탄압하던 상황에서 수십만 명의 유대인이 아우슈비츠 가스실에서 목숨을 잃는 상황이 벌어진 것이다. 미국 정부는 중립국 스웨덴에 헝가리 유대인을 구출할 외교관을 추천해달라 의뢰했고, 스웨덴 정부는 유대인에 대한 이해가 깊은 라울을 추천했다. 그는 1944년 죽음을 무릅쓰고 유대인을 구출하기 위해 헝가리로 갔고, 7만 명의 유대인을 구했다.

발렌베리 가문이 우리에게 남긴 고민

오늘날 우리나라 기업인들의 모습은 어떤가. 재벌로 지칭되는 많은 기업인이 '갑질'의 상징으로 굳혀진 지 오래다. 어느 기업의 회장은 운전기사를 폭행해 구설에 올랐고, 미공개 정보로 주식을 거래해 투자자에게 피해를 준 기업인도 있다. 형제 사이의 경영권 분쟁으로 기업 임직원 전체에게 피해를 준 사례가 있는가 하면, 가맹점주에게 무리한 부담을 떠넘긴 창업주도 있다. 재벌 2세들은 또 어떤가. 아버지뻘 되는 어른에게 아무렇지 않게 막말을 하는가 하면, 기내 서비스가 마음에 들지 않는다며 난동을 부리거나 비행기를 되돌린 사건도 있었다. 고급차로 한밤중에 곡예 운전을 벌이거나 약물을 복용하는 등의 행위는 애교 수준이랄까. 이슈가 불거질 때마다 이들의 아버지가 언론 앞에 등장해 "자식을 제대로 못 키운 본인의 잘못입니다"라고 말하는 레퍼토리마저 익숙하다.

발렌베리 가문은 사회 지도층이 책임과 의무를 어떻게 실천해야 하는지를 보여주는 대표적 선례다. 국내 기업들은 시대 흐름에 맞춰 저마다 윤리경영을 선포하고, 책임 있는 기업으로 성장하겠다고 한다. 보도자료를 뿌리면서 대대적인 홍보도 한다. 물론 바람직하다. 다만, 실천의 문제가 남아 있다. 일시적인 노블레스 오블리주가 아닌, 지속적이고 끈기 있는 노블레스 오블리주가 필요하다. 이를 위해서는 발렌베리 가문처럼 확고한 가훈교육이 있어야 한다. 가문에서 가장 중요한 가치와 이념이 무엇인지를 정립하고, 후손들에게 꾸준한 가르침이 이어져야 한다. 존경은 돈으로 결코 살 수 없다. 이런 측면에서 발렌베리 가문이 우리에게 던지는 메시지를 곱씹어볼 필요가 있다.

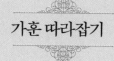

가훈 따라잡기

'존경받는 부자가 되라'는 발렌베리 가문의 가훈은 오늘날 '존경받는 사람이 되라' 정도로 적용할 수 있겠다. 남들로부터 존경받기 위해서는 인생의 목표한 성과를 이뤄내는 과정에서 부끄러움이 없어야 한다. 존경받는 삶은 남들이 부러워하는 것과는 다르다. 돈이 많은 사람을 부러워하는 것과 존경하는 것은 다르다.

존경받는 삶을 살기 위해 모두의 마음에 드는 혹은 다수의 사람을 의식하는 행동은 지양하자. 그것은 자신과 가족을 피곤하게 만들 수도 있다. 단 한 사람만이라도 마음에서 우러난 존경을 표현해준다면, 그것으로 충분히 존경받는 삶을 산 것이라 위로해도 좋다.

우리는 오늘 하루 존경받는 삶을 살기 위해 얼마나 노력했는가. 또 내일은 존경받는 삶을 살기 위해 무엇을 해야 할까. 이런 고민과 함께 나아갈 때 각자의 삶은 좀 더 아름답고 숭고한 일대기가 되어갈 것이다.

로스차일드 가문

서로 협력하고 사랑하라

'다섯 개 화살'의 교훈

'너희가 하나로 똘똘 뭉치면 세상 그 누구도 너희를 이기지 못할 것이다.'

250년 넘게 금융업으로 세계적 명성을 얻은 로스차일드 가문은 창업자 마이어 암셸 로스차일드의 유언에 따라 형제간의 우애를 가장 큰 덕목으로 삼고 있다. 마이어는 세상을 떠나기 전 병상을 지키고 있던 장남 암셸과 차남 잘로몬에게 구약성서에 나오는 '낱개의 화살과 화살 다발의 힘' 이야기를 들려주며 다섯 아들에게 단결을 강조했다. 열두 명의 아들을 둔 남자가 임종을 맞은 시점에, 툭하면 싸움을 일삼는 아들들에게 '화살 하나를 부러뜨리는 건 쉽지만 다섯 개의 화살 뭉치를 부러뜨리는 건 쉽지 않다'는 교훈을 준 이야기였다.

마이어는 1812년 세상을 떠나기 전 다음과 같은 엄격한 유언을 남겼다.

첫째, 가족 구성원은 반드시 서로 협력하고 사랑하며, 아귀다툼하지 않는다.
둘째, 공동출자 경영자, 이사장 등 가족은행의 중요한 직책은 모두 로스차일드 가문의 직계 남성이 담당한다.
셋째, 로스차일드 가문의 외척과 그 후손은 공동출자 경영자가 될 수 없다.
넷째, 가족은행은 개인은행의 형식으로 운영하며 경영 상황을 대외적으로 공표하지 않는다.
다섯째, 가문의 재산이 분산되지 않도록 가문의 직계 남성은 아버지의 자매 및 어머니의 형제자매 등 친척끼리 혼인해야 한다.

일각에서는 로스차일드 가문이 형제간의 우애를 중요시한 것은 부의 유출을 막기 위한 창업자의 간절한 조치였다고 평가한다. 과거 유대인은 사회적 지위를 인정받지 못했다. 그들은 2000년이 넘도록 나라 없이 천대받으며 조롱과 야유 속에서 살아야 했다. 대다수 유대인은 '게토'라고 불리는 달동네에서 살았고 '돈'이 있으면 게토를 벗어나 세계에 진출할 수 있었다. 그래서 유대인은 돈에 밝고, 그 중요성을 오래전부터 교육해왔다. 유대인으로 고난의 세월을 살아온 마이어는 어렵게 모은 재산을 아들들이 소중히 지켜내기를 바랐다고 볼 수 있다.

'다섯 개의 화살' 교훈 역시 재산 세습 과정에서 형제간의 다툼이 생길 것을 우려한 사전 조치였다. 국내외 대기업 오너가의 재산 상속 때에도 재산을 놓고 다투는 이른바 '왕자의 난'이 빚어지곤 한다. 로스차일드 가문은 재산 때문에 형제가 다퉈 가문과 가업이 공중분해되는 것을 심히 우려했던 것으로 보인다.

로스차일드 가문의 5형제 암셸, 잘로몬, 나탄, 카를, 야콥은 아버지의 당부에 따라 대대로 가족 간의 끈끈한 결속력을 유지해갔다. 로스차일드 가문은 가족 내부의 통혼을 통해 재산이 외부로 유출되는 것을 엄격히 금지했다. 마이어의 손자들 14명 중 10명 가까이가 근친결혼을 했다. 이 규정은 초기에는 엄격히 지켜졌으나, 나중에 완화돼 다른 유대인 은행가 집안과의 통혼까지로 확대되었다.

가족의 엄격한 통제, 기계처럼 정확한 협조, 빠른 시장 정보 수집 능력, 냉철한 이성, 그리고 금전과 재산에 대한 깊은 통찰 등은 로스차일드 가문이 200년 동안 전 세계 금융 및 정치와 전쟁의 냉혹한 소용돌이 속에서 활약하며 인류 역사상 가장 방대한 금융제국을 세우는 원동력이 됐다.

250년 금융왕국의 탄생

"현재 유럽에는 여섯 개의 강국이 존재한다. 바로 영국, 프랑스, 러시아, 오스트리아, 프로이센 그리고 로스차일드 가문이다."

1800년대 중반 영국 총리를 역임한 벤저민 디즈레일리는 로스차일드 가문을 이렇게 묘사했다. 로스차일드 가문은 세계화 바람을 타고 자산규모 수천억 달러의 은행들이 등장하기 전인 19세기와 20세기 초 세계 금융권을 지배했다. 로스차일드 가문은 집 문미(門楣, 창문 위에 가로 댄 나무)에 눈에 띄는 붉은색 방패를 걸어놓았다. 붉은색과 방패는 독일어로 각각 '로트(Rot)'와 '실트(Schild)'라 하는데, 훗날 두 단어가 결합해 가문의 이름인 로트실트, 영어식 발음으로 '로스차일드(Rothschild)'가 됐다.

1744년에 태어난 유대인 마이어는 대금업과 금화 거래로 사업을 시작했고 왕실 재정관리를 맡아 1800년 무렵에는 유럽 최대의 거부가 됐다. 그는 독일 프랑크푸르트 유대인 가정에서 태어나 퓌르트에 있는 유대교 랍비양성학교에 다녔다. 그러던 중 11세 때 부모를 천연두로 잃고 소년 가장이 되었다. 생계를 꾸리기 위해 하노버 선제후국의 궁정유대인 밑에서 일하며 금융업을 배웠다. 이후 프랑크푸르트로 돌아온 그는 각 제후국 귀족과 부호들을 상대로 골동품사업을 벌였고 큰돈을 손에 넣었다. 특히 헤센카젤 공작의 후계자였던 빌헬름 9세는 마이어에게 거금을 맡기며 그가 금융업을 시작할 수 있도록 적극 도왔다.

마이어는 고리대금업으로 시작해 은행을 만들고 유럽 5개국에 지점을 세웠다. 그리고 다섯 아들을 지점장으로 임명했다. 첫째 아들인 암셀에게 자신의 독일 금융사업을 물려줬고, 둘째 잘라몬에게 오스트리아 빈, 셋째 나탄에게는 영국 런던, 넷째 카를에게는 이탈리아 나폴리, 다섯째 야콥에게는 프랑스 파리로 가서 금융 관련 사업 기반을 닦게 했다.

로스차일드 가문은 1798년 나탄이 영국으로 건너가 사업을 벌이며 부를 크게 축적하기 시작했다. 나탄은 1811년 런던에 엔엠로스차일드 앤선즈은행을 설립해 영국 금융계를 장악해갔다. 그러던 중 1815년 워털루에서 반프랑스 동맹과 나폴레옹의 결전이 벌어졌다. 당시 영국인들은 나폴레옹이 이끄는 프랑스 군대가 막강해 자국 군대가 패할 것으로 예상했다. 그러나 예상과 달리 반프랑스 동맹이 나폴레옹의 프랑스 군을 격파했다. 나탄은 비밀리에 보낸 정보원으로부터 반프랑스 동맹이 이겼다는 소식을 가장 먼저 접하고는 패전에 대한 우려로 가격이 폭락해 있던 영국의 공채를 대량으로 구매했다. 다음 날, 반프랑스 동맹이 이겼다는 소식이 영국 전역에 퍼지자 나탄은 이를 통해 막대한 차익을 거두었다. 워털루 대투기는 로스차일드 가문이 영국의 베어링스, 독일의 오펜하이머 등 유럽의 금융 가문을 차례로 꺾고 19세기 전 세계 금융업계의 절대 강자로 군림할 기반이 됐다.

　　로스차일드 가문은 1875년 영국 디즈레일리 정부에 400만 파운드를 융자해줌으로써 영국이 수에즈 운하 지분을 사들이는 데 일등공신이 됐고, 나폴레옹으로부터 황금 가격 결정권을 획득해 2004년까지 국제 황금 가격 결정권을 행사했다. 또 미국 남북전쟁 때 민영 중앙은행을 설립하고, 군자금을 댔다. 이어 1910년 미국의 중앙은행인 연방준비은행의 법 제정회의를 주도하고, 연방준비은행을 실질 담당하는 뉴욕연방준비은행의 주주로 참여하며 막대한 부를 축적했다.

　　로스차일드 가문은 오랜 기간 유대인을 비롯한 유럽 각국의 지지를 받아왔다. 세대를 거듭하면서 영국, 프랑스, 오스트리아, 독일, 이탈리아 등 전 세계 각지로 분파된 그들 후손은 자신의 거주 국가에 충성해야 한다는 원칙을 갖고 있었다. 이것은 로스차일드 가문이 인내와 통찰력, 신뢰를 바탕으로 한 거래로 경제사에서 오랜 기간 주목받아온 이유이다.

부와 권력, 품위를 갖춘 가문

한 가문이 진정한 귀족으로 거듭나려면 적어도 3대는 거쳐야 한다는 말이 있다. 로스차일드 가문 역시 마찬가지였다. 마이어는 가문의 창업자로서 평생을 고단하게 살았고, 귀족의 기백이나 품위는 찾아볼 수 없었다. 로스차일드 가문의 2대들은 반쪽짜리 부와 반쪽짜리 귀족이 될 수밖에 없었다.

로스차일드 가문은 4대 때부터 선행을 베풀며 국민의 추앙을 받았다. 로스차일드 가문의 4대손 중에서 두각을 나타낸 인물은 리오넬의 장남 내티이다. 그는 금융 거래에 신중한 타입이었지만, 자선사업에는 과감하게 돈을 썼다. 일이 고되고 수입과 사회적 지위도 낮은 영국의 하급 경찰들을 위해 매년 크리스마스 때마다 런던 경찰서에 적지 않은 액수의 수표를 보냈다. 또 당직으로 식사를 거른 런던 경찰들이 언제든 자유롭게 자신의 집 주방에 들어와 풍성한 식사를 할 수 있도록 배려했다. 그 보답으로 런던 교통경찰들은 로스차일드 가문의 마차가 지나갈 때면 막힘없이 길을 열어주곤 했다.

내티의 동생 레오폴트도 겸손함이 몸에 밴 사람이었다. 레오폴트는 미래 영국 국왕의 체면을 살려주기 위해 경마에서 일부러 왕세자에게 우승을 양보했고, 자신의 은행 직원이 심장병에 걸리자 그를 오스트리아로 6개월 동안 요양을 보내는 비용을 부담했다.

특히, 로스차일드 가문은 자신들의 품 안에 들어온 사람은 책임을 지고 끝까지 지키는 것으로 유명했다. 1929년 미국 월가의 주가 대폭락으로 런던 금융권 은행은 저마다 감원에 나섰다. 하지만 영국 로스차일드 은행은 단 한 명의 청소부조차 해고하지 않았으며 직원의 월급 역시 한 푼도 깎지 않았다. 이 때문에 영국 로스차일드은행의 직원들은 회사에 깊은 애정을 품지 않을 수 없었다.

로스차일드 가문은 국가를 위한 헌신에도 앞장섰다. 제1차 세계대전 당시 프랑스에 거주하던 로스차일드 가문의 후손 헨리는 현대 구급차의 발명가이다. 그는 파리에 헨리앤마틸다 병원을 설립했고, 전선에서 사용할《소독과 위생》이라는 책자를 출판했다.

로스차일드 가문은 문화예술 후원에도 적극적이었다. 특히 프랑스에 뿌리를 둔 마이어의 다섯째 아들 야콥 가문은 쇼팽과 발자크를 후원하며 인연을 맺은 것으로 잘 알려져 있다. 쇼팽은 야콥의 4남 1녀 중 장녀에게 피아노를 가르쳤고, 그녀를 위해 두 편의 곡을 헌정하기도 했다. 쇼팽이 파리에서 연주와 작곡 활동을 할 수 있었던 것도 로스차일드 가문의 후원 덕분이었다. 발자크도 두 편의 소설을 써서 로스차일드 가문에 바쳤다고 한다.

이스라엘을 세우다

이스라엘 건국 문제를 다룰 때 로스차일드 가문을 빼놓고 이야기하기란 어렵다. 19세기 말 프랑스 로스차일드은행은 알폰소, 구스타프, 에드몽 등 삼형제가 관리했다. 이 중 가장 뛰어난 인물인 막내 에드몽은 팔레스타인 문제에 관심을 가져왔다.

그는 박해받는 러시아 유대인을 위해 팔레스타인의 황무지를 사들여 이곳에 유대인 이주를 지원했다. 그가 눈을 감는 날까지 유대인의 팔레스타인 이주를 위해 지원한 자금은 총 600만 파운드다. 에드몽은 갑부였지만 유대인을 팔레스타인에 정착시키는 데에 매번 일정한 운영자금을 정해두고 한 푼도 더 주는 법이 없었다. 이주민이 로스차일드 가문에 기대심리를 키우는 것을 용납하지 않았던 것이다. 다만, 그는 농업 전문가를 고용해 유대인을 이주시키고, 이주민이 농업을 배워 자립할 수 있도록 아낌없이 지원했다.

에드몽은 팔레스타인의 환경에 대해 철저히 연구했다. 그는 터키 주 팔레스타인의 전 총독을 로비해 팔레스타인의 군사전략 요충지인 유대와 사마리아, 갈릴리 등을 하나하나 사들였다. 그는 언젠가는 전략적 요충지를 이용해 자기 자신을 보호해야 할 거라고 설명했다. 그의 말대로 50년 후 이스라엘 독립전쟁(제1차 중동전쟁)이 벌어졌다. 이스라엘은 에드몽이 선견지명을 발휘해 구입한 군사 요충지를 활용하여 아랍 연합군의 맹렬한 공격을 막아내고 독립을 실현할 수 있었다.

21세기에 접어든 오늘날, 이스라엘 국민은 여전히 이스라엘 건국에

공을 세운 로스차일드 가문을 잊지 않고 있다. 이스라엘에서는 많은 사람이 아이의 이름을 로스차일드라 짓고 있으며, 이스라엘 곳곳에 '로스차일드 거리'가 생겨났다.

어린 시절 교육이 가문을 좌우한다

로스차일드 가문의 원동력은 조기교육이다. 로스차일드 가문의 후손들은 어린 시절부터 교육받은 것을 습관화하며 가문의 부흥을 유지해 나아갔다. 전 세계 보험설계사 판매왕들만 가입할 수 있다는 '백만 달러 원탁회의'의 스티븐 로스차일드는 자신의 세일즈 비결에 대해 "세일즈

이스라엘 텔아비브 로스차일드 거리

의 모든 것은 어린 시절 경제교육센터에서 다 배웠다"라고 말했다. 그가 10세 되던 해에 미국 비영리 경제교육기관에서 얼음 가는 기계를 팔았는데, 이것이 생애 최초의 세일즈 경험이었고, 이 경험이 보험왕으로 성공한 밑거름이 되었다는 것이다.

나탄이 영국에서 막대한 부를 축적한 반면, 프랑스로 건너간 야콥은 위험한 선택을 했다. 아버지가 보내준 돈을 나폴레옹 1세에게 워털루 전투의 군자금으로 빌려준 것이다. 순간의 선택으로 위상이 뒤집힐 수도 있는 상황이었다. 그러나 결과적으로 일부 금전적 손실은 있었지만, 그는 이때의 신뢰를 바탕으로 더 큰 이득을 챙겼다. 프랑스 왕정의 지원으로 그는 사업에 돛을 달며 승승장구했다.

마이어는 당장의 돈벌이보다 부유한 귀족과 친밀한 관계를 맺는 일이 더 중요하다고 생각했다. 부자나 귀족들과 친밀한 관계를 맺으면 그들을 고객으로 끌어들일 수 있고, 필요한 물품을 지속적으로 거래할 수 있기 때문이다. 마이어는 귀족들의 물품 거래를 전담하는 궁정 상인이 돼 막대한 부를 축적했고, 이는 자연스럽게 그의 자식들에게도 영향을 미쳤다. 야콥의 선택 역시 그의 아버지의 가르침을 받은 판단이었다.

유대인들은 우리가 잘 알고 있는 《탈무드》를 통해 조기 경제교육을 수천 년간 지속해오고 있다. 유대인들이 막대한 부를 기반으로 미국 등 전 세계 금융계를 주름잡는 원동력이 이러한 조기 경제교육인 셈이다. 유대인의 독특한 자녀교육 방법 중 하나는 반드시 서로 돕고 거래를 해야 한다는 것이다. '다섯 개 화살' 교훈을 잘 알고 있는 로스차일드의 다섯 형제 역시 지역은 달랐지만, 형제가 위기에 처했을 때 항상 서로를 도왔다. 1929년 말 미국발 대공황이 불어닥쳤을 때, 오스트리아 빈의 금융계를 주름잡고 있던 잘로몬 가문은 자산이 10분의 1수준으로 폭락하며 위기에 몰렸다. 그때 파리와 런던의 가문에서 적극적인 지원이 들어왔고, 잘로몬 가문은 다시 오스트리아 금융계의 큰손 자리를 되찾았다.

로스차일드 가문이 성장할 수 있었던 데에는 시대 변화에 맞는 사업을 적절하게 펼쳤던 것도 주효했다. 최근 들어 핵심 사업 분야를 전통적인 은행업에서 투자은행 쪽으로 방향을 바꾼 것도 돈 될 만한 분야에 집중 투자하기 위해서라는 분석이 나온다. 세계적인 저금리 기조 속에서 은행은 이자만으로 수익성을 기대하긴 어렵다. 하지만 펀드 상품은 주식 투자를 통해 단기간에 높은 수익을 올릴 수 있다.

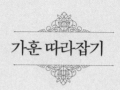

가훈 따라잡기

로스차일드 가문의 가훈은 상당히 구체적이고 길다. '근면', '성실', '최선을 다하자' 등으로 요약되는 대부분의 가훈과는 차원이 다르다. 물론 비합리적이고 보수적으로 보이는 가훈도 있다. '중요 직책은 직계 남성이 담당한다', '친척끼리 혼인해야 한다' 등이 그 예다. 하지만 당시의 시대 상황과 흐름 속에서 이 가훈은 로스차일드 가문이 살아남기 위한 하나의 생존전략이었다. 때로는 그것이 비난의 대상이 될지라도 말이다. 그런 점에서 볼 때 로스차일드 가문의 가훈은 솔직하고 직설적이다.

모든 가훈이 이상적이고 점잖을 필요는 없다. 가훈은 본래 가족과 가문을 위한 것이 아니던가. 가문의 번영과 안정, 화합을 위해 만들어지는 것이 가훈의 탄생 배경이다. 단, 가문의 이익을 위해 편법과 불법, 타인에게 해를 끼치는 행동과 말은 당연히 지양되어야 한다.

로스차일드 가문의 가훈은 '가족 구성원은 반드시 서로 협력하고, 사랑하며, 아귀다툼하지 않는다'로 요약된다. 가족의 화목과 협력은 어려움을 이겨내는 원동력이자 가문을 부흥시키는 중요한 요소다. 성공한 대부분의 가문은 가족 구성원 간의 유대관계가 남달랐다. 이는 수백 년이 흐른 지금도 통용되는 원칙이다. 그래서일까. 로스차일드 가문의 가훈과 뜻을 같이하는 '집안이 화목하면 모든 일이 잘 이루어진다'는 '가화만사성'은 지금도 많은 가정에서 사랑받는 가훈이다.

록펠러 가문

주는 사람이 더 행복하다

근검절약을 강조한 록펠러 가문

"인생 전반기 오십오 년은 쫓기면서 살았다. 그러나 후반기 사십삼 년은 정말 행복하게 살았다."

존 데이비슨 록펠러(록펠러 1세)가 숨을 거두기 직전 남긴 이 말에 록 펠러 가문이 '최고의 부자'와 '나눔의 기업' 두 가지 타이틀을 거머쥘 수 있었던 이유가 고스란히 드러난다. 록펠러 가문을 오늘의 명문가로 일 으킨 존은 시한부 선고를 받은 55세부터 '주는 사람이 받는 사람보다 훨 씬 더 행복하다'라는 문구를 몸소 실천하며 살았다. 그리고 그는 동시에 불치병을 떨쳐냈다. 6대째 '부'와 '자선'의 상징으로 여겨지고 있는 록펠 러 가문은 '주는 문화'를 실천한 존 데이비슨 록펠러에서 태동했다.

존은 불과 33세 때 백만장자가 됐다. 그는 석유사업에 과감히 투자해 큰돈을 벌었다. 그가 석유사업을 처음으로 구상한 1800년대 중반은 석유를 필요로 하는 사람이 그리 많지 않았다. 하지만 그는 머지않아 석유를 쓸 일이 많아질 거라고 확신했다. 결국 석유를 원료로 하는 내연기관 시대가 왔고, 그의 사업은 날로 번창했다. 1870년에 세운 오하이오 스탠더드오일은 미국의 경제 부흥에 힘입어 순식간에 성장했다.

실상, 성공한 가문과 사업가들은 그들 특유의 '선견지명'이 있는 듯하다. 애플을 일으킨 스티브 잡스는 스마트폰 혁명을 주도했고, 이건희 삼성전자 회장은 반도체 산업의 도래를 미리 준비해 회사 변화를 이끌었다. 금융이 자본주의 시대의 부흥을 끌어낼 것을 안 발렌베리 가문과 로스차일드 가문은 가문의 번영기를 금융 분야에서 맞았다. 1990년대 가정용 비디오 기술방식이 VHS로 발전할 것이라 내다본 파나소닉은 소니와의 비디오 규격방식 전쟁에서 승리를 거두었다.

존 역시 이 특유의 선견지명으로, 1881년에 미국에서 생산되는 석유의 95퍼센트를 손에 쥐었고, 탄탄대로를 달려 43세 때 미국 최고의 부자가, 53세 때 세계 최고 부자가 되었다. 지금 시세로 볼 때, 존은 현재 세계 최고 부호로 꼽히는 빌 게이츠나 워런 버핏보다 훨씬 더 많은 재산을 보유한 것으로 추정된다. 실제로 그의 재산은 2013년 기준 3,183억 달러로, 빌 게이츠(1,010억 달러)보다 3배 정도 많은 것으로 나타났다.

미국 뉴욕 록펠러센터

록펠러의 회고

승승장구하던 존의 인생에도 걸림돌이 돌출했다. 55세 때 불치병인 암으로 1년 이상 살지 못할 것이라는 사형선고 같은 판정을 받은 것이다. 마지막 검진을 받기 위해 병원에 간 그는 그 길에서 전환점을 맞이했다. 평소 무심히 지나쳤던 병원 로비의 액자 속 글귀가 그의 마음을 사로잡았고, 이후 그의 삶 자체를 완전히 바꿔놓은 것이다.

'주는 사람이 받는 사람보다 훨씬 더 행복하다.'

죽음을 앞두고 갑작스럽게 깨달은 삶의 진리. 그 순간 입원비 문제로 실랑이 벌이는 어린 소녀의 어머니가 눈에 들어왔다. 병원비가 없어 입원이 안 된다는 병원 측에 소녀의 어머니가 울며불며 통사정을 하고 있었다. 존은 비서에게 얼마가 되었든 아끼지 말고 병원비를 지원해주라

지시했다. 병원과 환자 모두에게 병원비를 누가 지급했는지는 절대 모르게 하라는 당부도 이어졌다. 소녀는 기적적으로 회복했고, 신기하게도 그의 불치병도 깨끗이 나았다. 존은 이를 계기로 나눔의 기쁨을 깨달았던 것으로 보인다.

존은 그 이후부터 나눔과 베풂의 삶을 살았다.

'나는 살면서 그렇게도 행복한 삶이 있는지 진짜 몰랐다.'

그의 자서전 한 구절은 그가 진정으로 주는 문화를 실천했음을 증명한다. 존은 오늘날 세계적 명문 대학인 시카고대학교 설립에 4억 1,000만 달러(현재 가치 약 100억 달러)를 기부했다. 아울러 세계 최대 공익재단인 록펠러재단과 록펠러의학연구소 설립에 본인의 재산을 아낌없이 투자했다. 록펠러 2세와 3세가 록펠러재단 이사장을 역임했다.

'석유왕'으로 시작한 록펠러 가문은 석유화학뿐 아니라 항공, 원자력, 금융 등 다양한 산업 분야에서 두각을 나타냈다. 특히 존의 손자들이 두각을 보였다. 로렌스 록펠러는 항공업과 원자력사업에 투신했으며 데이비드 록펠러는 체이스맨해튼은행 총재를 역임했다. 윈스럽 록펠러는 아칸소 주지사를, 넬슨 록펠러는 부통령을 역임하는 등 록펠러 가문은 정치권에서도 활발히 활동했다.

증손자 중에서는 아칸소 부지사를 지낸 윈스럽 록펠러 2세가 단연 눈에 띈다. 그는 1960년대와 1970년대 각각 아칸소 주지사와 부통령을 지낸 아버지 윈스럽과 삼촌 넬슨의 뒤를 이어 정계에 발을 들인 재벌 정치인이었다. 하지만 그의 삶은 검소함 그 자체였다. 그는 부지사 재임 시절 받은 연봉을 자선단체에 기부했고 12억 달러에 이르는 그의 전체 재산 중 상당 부분을 학습 장애 어린이들을 위한 학교 설립에 썼다.

대를 이은 절약 정신, 낭비는 죄악이다

어느 날, 존은 일곱 살짜리 손자를 1미터 높이의 의자 위에 올렸다. 그러고는 손자에게 뛰어내려 보라며 절대로 다치지 않게 받아주겠노라 말했다. 손자는 할아버지의 말을 믿고 의자에서 그대로 뛰어내렸다. 그러나 존은 아이를 받아주지 않았다. 땅바닥에 고꾸라진 손자는 울음을 터뜨렸고, 그런 손자를 안으며 존은 "앞으로 사람을 믿을 때는 신중해야 한다. 그 사람이 할아버지라도 그래야 한다"라고 가르쳤다.

얼마 뒤 존은 다시 손자를 의자에 세우며 이전처럼 뛰어보라고 얘기했다. 예전 일을 기억하며 망설이던 손자는 다시 의자에서 뛰어내렸고, 존은 손자를 배신하지 않고 받아줬다. 그는 "잘 기억해라. 세상에는 믿을 만한 사람이 전혀 없는 것은 아니란다"라고 웃으며 말했다. 이 일화에서 엿볼 수 있듯, 존의 후세 교육철학은 조금 독특했다. 그리고 굉장히 현실적이었다.

록펠러 가문이 200여 년간 최고 부자의 타이틀을 유지할 수 있었던 이유는 절약의 미덕을 항상 강조했기 때문이다. 33세에 석유왕으로 불리며 백만장자가 된 존은 엄청난 부를 쌓았음에도 불필요한 낭비를 하지 않았다. 향락과 사치의 소비문화가 팽배했던 19세기 후반과 20세기

초 당시에도 그는 돈을 함부로 쓰는 법이 없었다. 오히려 유행처럼 번지는 사치를 극도로 혐오했다.

그는 외아들 록펠러 2세에게 매주 많지 않은 용돈을 주고 용돈 기입장을 철저하게 쓰도록 했다. 또 향락에 빠지면 낭비벽이 생긴다고 생각해 10세의 아들에게 술과 담배를 멀리하겠다는 서약서까지 받았다. 아이들 간 옷을 물려 입히는 것은 기본이고 자전거 한 대를 누나들과 나눠 타도록 하는 등 자녀들에게 어려서부터 아끼는 습관을 익히도록 했다.

아버지의 절약 정신은 아들에게 그대로 이어졌다. 록펠러 2세는 자녀들에게 "낭비라는 죄악을 절대로 저지르지 마라. 그것처럼 큰 죄악은 없다"라고 늘 강조했다. 집에서는 실내에 불을 훤히 켜놓는 법이 없었고, 음식 역시 남기지 않으려 노력했다. 그의 철학은 밖에서도 이어졌다. 아이들과 함께 2개월간 미국 전역을 여행하던 도중 록펠러 2세는 관광버스 이용 요금이 생각보다 많이 나오자 곧바로 관계자에게 따져 물었다. 적은 돈도 허투루 쓰지 않겠다는 그의 철학이 확연히 드러나는 일화다.

록펠러 2세의 절약 정신은 그다음 세대로 고스란히 이어졌다. 그의 자녀들은 아버지의 절약 정신을 더욱 적극적으로 실천하기 위해 노력했다. 록펠러 2세의 큰아들인 록펠러 3세의 일화도 유명하다. 그는 아버지가 세상을 떠난 후 뉴욕 록펠러재단 운영을 맡았다. 록펠러 3세는 전용기사가 있는 리무진을 마다하고 집에서 30분 거리인 록펠러재단까지 매일 걸어서 출근하는 것을 원칙으로 했다. 그는 비가 올 때만 예외적으로

버스를 타고 출근했다. 해외 출장 때도 거한 식사가 아닌, 핫도그와 우유 한 잔의 가벼운 식사를 할 정도로 그의 절약 정신은 투철했다.

록펠러 가문과 한국의 인연

록펠러 가문은 최근 한국과도 인연을 맺었다. 크리스찬 알드리치 록펠러가 2016년 6월 국내 한 코스닥 상장기업의 사내이사로 선임된 것이다. 크리스찬은 미국 보스턴대학교에서 경제학을 전공했고, 글로벌 협력과 교류 촉진을 위한 '중국 문화예술 국제기관'에서 일한 경력이 있다.

크리스찬은 스티븐 록펠러 주니어의 아들이며, 현재 로즈록그룹의 사업 개발이사로 활동하고 있다. 로즈록그룹은 글로벌 네트워크를 활용해 문화, 예술, 의료 등 다양한 분야에 대규모의 투자를 진행하고 있다. 스티븐은 예술, 콘텐츠 등에 관심이 많으며, 2008년과 2010년 애니메이션사업을 살펴보기 위해 춘천을 방문하기도 했다. 세계 최대 규모로 알려진 록펠러재단은 21세기 문화 콘텐츠가 산업을 이끌어갈 것이라고 보고 특히 아시아권의 문화, 예술, 콘텐츠 등에 투자를 진행하고 있다.

'자선'의 상징 록펠러 가문의 이면

물론 록펠러 가문에 대해 긍정적 평가만 있는 것은 아니다. 존의 인생에 씻을 수 없는 오점을 남긴 악랄한 인수합병이 그것이다. 존은 무차별 덤핑 공세를 펴 소규모 석유업자들을 파산시켰다. 그리고 파산한 회사 중 실적이 괜찮은 회사만 골라 합병하는 수법으로 부를 축적했다. 인수에 저항하면 석유 가격을 계속 낮춰 경쟁을 포기하게 했다. 석유 산업의 동맥인 철도를 장악, 미국 석유의 95퍼센트를 독점했다는 비난도 피할 수 없다. 사실, 존의 무자비한 기업 인수와 문어발식 회사 확장은 수많은 경쟁 정유 회사가 무너지는 시발점이 됐다. 주위에서 돈밖에 모르는 지독한 사람, 수단과 방법을 가리지 않는 비열한 장사꾼이라는 비난이 쏟아졌다. 존이 처음 사업을 시작할 당시 리베이트와 뇌물 공여 등 갖가지 편법으로 엄청난 부를 축재했던 행적은 지금까지 록펠러 가문을 따라다니는 불명예 꼬리표다.

이 같은 명에는 록펠러 2세가 일찌감치 자선사업을 시작한 이유이기도 하다. 록펠러 2세는 아버지의 명예 회복을 위해 경영 일선에서 물러나 록펠러재단을 운영하며 나눔과 베풂에 집중했다. 하지만 그에 대한 부정적 시각 역시 존재한다. 록펠러 2세가 막대한 재산을 이용해 정치, 경제, 문화계 전반에 폭넓은 인적 네트워크를 구축했다는 비난이 쏟아진 것이다. 그의 다섯 아들 역시 아버지가 구축해놓은 네트워크를 바탕으로 미국을 좌지우지했다는 평가를 받고 있다.

이처럼 상반되는 평가 속에서도 현재 록펠러 가문은 자선·문화 관련 사업부터 환경·기후 문제까지 기업의 사회적 역할을 확대해 나아가고 있다. 8억 6,000만 달러(약 9,155억 원)의 자선기금을 운용하는 록펠러재단이 최근 화석연료 산업에 대한 투자를 철회하는 운동에 동참한다고 밝혀 눈길을 끌었다. 이는 도덕적·경제적 차원을 모두 고려한 결정으로, 록펠러 가문은 앞으로 대체 에너지 산업에 대한 투자를 늘릴 방침인데, 이를 위해 세계 최대 에너지 기업 엑슨모빌 경영진과 꾸준히 의견을 나누고 있다(엑슨모빌의 전신은 바로 록펠러 가문의 시초인 스탠더드오일이다).

기업가에 대한 평판은 늘 엇갈린다. 한 국가의 경제를 부흥시키고, 일자리를 창출하며 인류 문명 기술과 서비스의 진보에 큰 역할을 했다는 긍정적인 평가 뒤에, 그 과정에서 불공정한 경쟁과 다수의 희생, 부의 잠식 등을 일으켰다는 대중의 질타가 따른다. 국내의 많은 기업 총수 일가와 경영인들도 이와 같은 칭찬과 비난으로부터 자유롭지 못하다.

록펠러 가문은 사업을 확장하는 과정에서 많은 적을 만들어냈고, 이들의 원망과 비난을 피할 수 없었다. 다만, 뒤늦게나마 존경받는 가문이 어떤 것인지를 깨닫고 이를 개선하려 노력했다는 점은 다행이다. 후손들이 가문 구성원의 하나로 선조의 잘못을 공감하고 반성하며, 이를 바로잡고자 노력했다는 점도 존경스럽다. 가문의 얼룩이 나와 무관치 않다는 후손의 양심이 록펠러 가문에 대한 재평가를 이끌어낸 것이다.

우리의 자본주의 역사는 서양보다 짧다. 그러나 그 어느 국가와 비교해도 뒤지지 않을 만큼 빠르고 눈부신 경제 부흥을 일으키며 스타 기업인과 브랜드를 탄생시켰다. 하지만 여전히 성숙한 기업과 가문은 뚜렷하게 떠오르지 않는다. 아쉬운 대목이다.

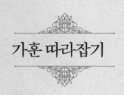

가훈 따라잡기

록펠러 가문의 가훈은 우리의 경주 최부자 가문과 비슷하다. '주는 사람이 더 행복하다'는 록펠러 가문의 가훈은 경주 최부자 가문의 가훈 '주변 100리에 굶어 죽는 사람이 없게 하라'는 것과 일맥상통한다. 록펠러 가문의 가훈을 오늘날에 적용해보자면, '나누는 삶을 살자', '베푸는 삶을 살자'라고 할 수 있다.

경쟁 심화로 각박해지는 만큼 기부와 베푸는 행위에도 인색해지는 요즘이다. 베풂과 나눔은 마음의 여유와 삶의 여유를 가져다준다. 또 꼭 도움이 필요한 이들에게는 평생 잊을 수 없는 가뭄의 단비 같은 기회가 되기도 한다. 나눔과 베풂은 경제적 형태에만 국한되는 것이 아니라 봉사 활동, 재능기부 등 다양한 영역을 아우른다. 꼭 금전적으로 나눠야 한다는 부담은 버리자. 본인이 가장 잘할 수 있는 것을 나눠주는 것이야말로 진정한 나눔이자 보람을 찾는 일이다.

게이츠 가문

철저하게 자립하라

21세기 명문가로 떠오른 게이츠 가문

마이크로소프트와 함께 유명해진 게이츠 가문은 앞서 언급한 발렌베리, 록펠러, 로스차일드 가문의 교육철학과 가훈을 종합한 새로운 명문가로 평가받고 있다. 마이크로소프트 설립자로 유명한 빌 게이츠의 할아버지 빌 게이츠 1세는 당시 척박한 환경 속에서 먹고사는 것을 고민해야 했다. 먹고살기가 너무 힘들어 알래스카로 이주하기도 했다. 당시 그는 난방용 석탄이 떨어지면 집 주변의 나뭇가지를 주워 땔감으로 사용하는 등 어려운 생활을 이어갔다. 그런데도 아들 빌 게이츠 2세를 비롯한 자녀들에게는 큰 꿈을 가지라고 교육했다.

어느 날 빌 게이츠 2세는 아버지에게 군대에 가겠다고 선언한다. 빌 게이츠 1세는 성적이 좋은 아들이 넉넉지 못한 집안 환경과 학비 때문에 대학을 포기한다는 생각에 안타까워했다. 그러자 빌 게이츠 2세는 오히려 아버지를 위로했다.

"아버지가 부자였더라도 학비만 댈 뿐 재산은 물려주지는 않겠다고 하셨던 말씀을 가슴에 새기고 있어요. 전역 후 대학에 들어가 장학금을 받아서 대학을 다니겠어요."

빌 게이츠 2세는 자신의 말대로 스스로 학비를 벌어 대학을 다녔고, 대학 졸업 후 로스쿨까지 마치고 1950년부터 변호사로 활약했다. 이듬해에는 미국 국립은행 부은행장을 지낸 명문가 J. W. 맥스웰의 딸 메리와 결혼했다. 그는 이미 40세 때 백만장자로 변신했지만, 자녀들에게 자신의 재산은 쳐다보지도 말라고 귀에 못이 박이도록 강조했다. 그는 한 언론과의 인터뷰에서 말했다.

"아들에게 많은 재산을 물려줬다면 아들은 아마 마이크로소프트를 설립하지 못했을 것이고, 부유한 환경에서 자랐다면 의욕적으로 사업에 매진하지도 않았을 것이라고 생각한다."

빌 게이츠 가문의 자립심과 근면함은 후손들에게 고스란히 이어졌다. 빌 게이츠 2세에게는 큰딸 크리스틴과 아들 빌 게이츠, 막내딸 리비가 있었다. 크리스틴은 16세 때 주차하다 실수로 할머니의 차를 들이받고는, 바로 집에 들어와 면허증을 잘라버릴 정도로 자기관리에 철저하다. 그녀는 시애틀의 명문 워싱턴대학교 운영을 관장하는 회계법인 소속 회계사로 일하고 있다. 리비는 아버지가 부유한 변호사임에도 2년제

대학을 졸업한 후 스포츠 코치로 일하며 평범하게 살아가고 있다. 주변 지인들에게 아버지와 오빠가 누군지를 밝히지 않고, 경제적으로 의지할 생각을 전혀 하지 않는 것으로도 유명하다.

마이크로소프트의 탄생

1955년 시애틀에서 태어난 빌 게이츠는 사립 명문 레이크사이드 중 · 고등학교를 나왔다. 13세 때부터 게임을 하기 위해 직접 프로그램을 만들 정도로 명석한 그는 1973년 하버드대학교에 입학했다. 그러나 1975년 학교를 그만두고 고등학교 친구인 폴 앨런과 함께 마이크로소프트를 설립하기로 결심했다. 빌은 사업을 시작하기 전에 부모님과 진지하게 상의했다. 그의 부모는 "대충하다가 그만두는 것 아니냐? 회사 설립자금은 있느냐?" 등의 질문을 쏟아내며 아들의 생각을 물었다. '우리 재산은 우리 것이 아니라 사회의 것'이라는 집안의 가르침을 강조한 것은 물론이다. 아들의 의지가 얼마나 강한지를 확인한 부모는 그의 휴학과 회사 설립을 허락했다. 빌은 창업 자금을 다소 엉뚱한 곳에서 모았다. 그는 컴퓨터 외에도 특별한 기술이 있었는데, 바로 외할머니에게 배운 카드 실력이었다. 하버드대학교 친구들과 포커게임을 하며 제법 많은 돈을 번 그는 이를 창업 자금으로 사용했다.

빌이 품위를 갖춘 존경받는 부자로 성장할 수 있었던 데에는 부모의 역할이 컸다. 그의 부모는 가족 간에 스스럼없이 의견을 묻고 구하는 분위기를 만들었다. 세상 이야기 속에서 자유로운 의견 표출과 충분한 대화가 오가며 부모와 자식 간의 유대관계가 형성됐다. 이는 자연스럽게 빌의 시각을 넓히는 창구가 되었다.

"나는 훌륭한 부모님을 두었다. 부모님은 집에 돌아오셔서는 비즈니스, 법률, 정치, 자선 활동 등 밖에서 경험한 것들을 우리에게 고스란히 전해주셨다. 여동생과 내가 진로를 결정하는 데에도 부모님의 영향이 가장 컸다. 또 우리는 부모님 덕분에 독서광으로 자라서 관심 분야도 굉장히 다양해졌다."

빌의 어머니는 그의 꿈에 기폭제 역할을 해주었다. 빌은 어린 시절 잠도 자지 않고 학교 컴퓨터실에서 시간을 보낼 정도로 컴퓨터에 푹 빠져 있었다. 빌의 어머니가 주도한 레이크사이드 학교 어머니회는 자선 경매를 통해 거둔 수익금으로 컴퓨터를 구입해 학교에 기증했다. 빌과 폴은 컴퓨터 작업을 하며 밤새우기 일쑤였는데, 이는 먼 훗날 이들이 마이크로소프트의 공동 창업자가 되는 밑거름이 됐다.

빌 게이츠의 성공 공식

빌 게이츠의 성공에는 그의 부모가 늘 강조한 책과 자립심이 든든한 뒷받침이 되었다. 빌 게이츠 2세는 자식을 창의적인 사람으로 키우는 데 필요한 책은 아낌없이 사줬다. 단, TV는 상상력을 저해한다는 이유로 보지 못하게 했다. 빌은 '책벌레'라고 불릴 만큼 독서를 좋아했다. 특히 과학소설을 즐겨 읽으며 자연스럽게 그의 관심은 컴퓨터로 향했다. 그는 "오늘의 나를 있게 한 것은 동네 도서관이었다"라고 회고한 적이 있다. PC 시대를 연 빌마저 "컴퓨터가 결코 책의 역할을 대체하지는 못할 것이다"라고 말했을 정도이니 그의 책 사랑은 대단했다. 빌이 좋아한 것은 컴퓨터였지만, 컴퓨터에 대한 궁금증이 생기면 도서관으로 달려가 밤을 새워가며 해답을 찾으려 노력했다. 빌의 저택인 게스트하우스에서는 돔 형태의 건물이 눈길을 끄는데, 이곳이 바로 도서관이다. 도서관에 빛이 잘 들어오게 하려고 돔으로 지었다고 한다.

빌을 만든 또 다른 키워드는 자립심이다. 그는 경쟁심이 강해 누구에게도 지는 걸 싫어했다. 학창 시절 숙제나 악기 연주 등 그날 해야 할 일은 반드시 당일에 해치웠고, 네다섯 장이면 되는 리포트를 서른 페이지가 넘는 논문으로 제출하기도 했다.

이런 그에게도 방황의 시절이 있었다. 초등학교 6학년 당시 그는 성적도 형편없었고, 가족과의 관계도 원만하지 못했다. 어머니에게 대드는 일도 늘었는데, 그야말로 모든 일에 불만이 쌓였다. 보다 못한 그의 아버지는 빌에게 물세례를 퍼붓기까지 했다. 이후 빌의 부모는 그를 아동심리학자에게 데려가 상담을 받게 했다. 빌은 똑똑했지만, 사회성이 부족했다. 흔히 뛰어난 재능을 타고난 아이가 한 가지에만 몰두하기 십상인 것처럼 말이다. 그의 부모는 아들을 보이스카우트 캠프에 보내고, 테니스와 수상스키를 가르쳤다. 요일에 따라 다른 색깔의 옷을 입히고 식사도 규칙적으로 하도록 이끌며 자립심을 키워주기 위해 노력했다.

빌의 운명은 컴퓨터였지만, 그 길로 이끈 것은 친구였다. 빌은 폴을 만난 것이 자신에게는 가장 큰 행운이었다고 말한다. 빌은 친구가 많지는 않았지만, 한번 친해지면 깊게 사귀는 편이었다. 그는 고등학교에서 2년 선배인 폴을 만났다. 폴은 이미 빌보다 훨씬 더 컴퓨터에 정통해 있었고, 컴퓨터를 조립하면서 이들은 공감대를 형성했다. 폴이 빌에게 컴퓨터를 가르쳐주지 않았다면 빌의 인생은 평범하게 흘러갔을지도 모른다.

"우리가 십대였을 때 폴 앨런은 나에게 컴퓨터 하드웨어에 관해 많은 것을 가르쳐주었다. 그리고 마이크로프로세서에 목숨을 걸라고 조언해주었다. 나는 참으로 운이 좋았다. 그토록 젊은 나이에 친구 덕분에 내가 사랑할 수 있고, 나를 완전히 매혹하는 무언가를 발견했으니까 말이다."

폴에 이어 빌의 운명을 결정지은 또 다른 친구는 스티브 발머다. 스티브는 빌과 하버드대학교 기숙사에서 인연을 맺었다. 스티브는 축구팀 선수를 하면서도 문학잡지 편집장과 교내 신문기자로 활동했다. 빌이 회사 설립을 위해 학업을 포기한 반면, 스티브는 끝까지 학점을 이수하여 졸업했다. 이후 빌의 스카우트 제의를 받고 마이크로소프트에 입사했다. 스티브는 판매 영업을 담당하다가 2000년에는 CEO 자리에까지 올랐다.

'노블레스 오블리주' 넘어 '리세스 오블리주'로

노블레스 오블리주가 지도층의 도덕적 의무와 책임을 강조한다면 리세스 오블리주(Richesse oblige)는 지도층 가운데 특히 부자들의 도덕적 의무와 책임을 강조한 개념이다.

마이크로소프트를 만든 빌 게이츠는 집안의 가르침대로 낭비하지 않는 생활을 고수했다. 자가용 비행기 한 대 없고, 여행할 때도 일등석을 타지 않는다. 빌은 한 언론과의 인터뷰에서 "나는 절대로 일등석을 타지 않는다. 비즈니스 클래스로도 편히 갈 수 있는데 왜 굳이 일등석을 타야 하는가? 그건 정말 낭비다"라고 밝힌 바 있다.

빌은 아버지의 가르침대로 자식들에게 재산을 물려주지 않는다는 원칙을 이미 전 세계 언론을 통해 밝히기도 했다. 그는 자기 재산 일부를 2000년에 설립한 자선단체 '빌앤멜린다 게이츠재단'에 기부했다. 이 재단은 세계 최대의 자선단체로, 게이츠 부부는 재산의 절반이 넘는 288억 달러를 기금으로 내놨다. 독서광인 만큼 빌은 특히 세계 각지 도서관에 누구보다 많은 돈을 기부했다. 그는 "모든 억만장자는 자기 재산 대부분을 사회에 기부하는 것이 옳다고 생각한다. 이렇게 하면 자신이 기쁨을 누릴 뿐 아니라 자녀들도 행복해진다. 세계가 더 살기 좋은 곳으로 변한다"는 말을 남겨 세계인을 감동시켰다.

또 자신의 두 아이에게 1,000만 달러만 물려주고 나머지는 자선사업에 쓰겠다고 공언하기도 했다. 빌은 자녀에게 큰돈을 물려주면 창의적인 아이로 자랄 수 없다고 믿었다. 상속받은 재산에 의지해 자립심이 떨어지는 비주체적인 삶을 살까 우려한 것이다. 빌은 말했다.

"현명하게 돈을 쓰는 것은 돈을 버는 것만큼이나 어려운 일이다. 궁극적으로 나는 내 돈의 대부분을 내가 믿는 대의를 위해 사회에 환원할 것이다. 자식들에게 많은 돈을 남겨주고 싶지 않다. 왜냐하면 그들을 위해서 그다지 좋은 일이 아니라고 생각하기 때문이다."

빌은 마이크로소프트의 경영에서 손을 뗀 뒤에도 상속세 폐지 반대 운동에 적극적으로 참여하며 부의 대물림보다 열심히 노력하는 정신과 창의적인 생각을 강조하고 있다. 부시 전 대통령이 상속세 폐지를 주창하자 변호사인 빌의 아버지는 "현재 미국의 빈부 격차는 사상 최고 수준인데, 부자들이 계속 욕심을 부리면 미국 자본주의와 민주주의는 망한다"면서 이를 반대했다고 한다. 그는 상속세 폐지에 반대하는 미국 대표적인 부자들이 결성한 '책임지는 부자들' 모임에서 대변인을 맡아 핵심적인 역할을 했다. 빌 역시 아버지의 영향을 받아 상속세 폐지 반대 운동에 적극적으로 의견을 밝히고 있다.

이런 빌의 노력은 세계 부호들의 잇따른 기부 약속을 끌어냈다. 투자의 귀재로 유명한 워런 버핏은 자기 재산 중 80퍼센트인 300억 달러를 빌앤멜린다 게이츠재단에 기부했다. 워런 버핏의 세 자녀도 아버지의 결정에 동의하며, 자신들의 재산까지 내놓기로 약속했다. 여담이지만, 발이 넓었던 빌의 어머니가 워런 버핏을 빌 게이츠에게 소개해줬고 스물다섯의 나이 차이에도 이들은 오랜 우정을 이어오고 있는 것으로 알려졌다.

빌 게이츠의 이색 기부

최근에는 빌 게이츠가 이색적인 기부를 해 세계의 주목을 받았다. 빈곤 퇴치를 위해 아프리카에 닭을 기부한 것이다. 빌은 2016년 6월 자선 재단 '하이퍼 인터내셔널'과 손잡고 사하라사막 이남의 아프리카 국가들에 닭 10만 마리를 보냈다. 아프리카 빈곤층이 닭을 키우면 달걀을 얻어 식량으로 활용할 수 있고, 키운 닭을 팔아 가난에서 벗어날 수 있으리라는 취지에서였다. 빌은 닭을 기르고 파는 것이 가난을 물리치는 데 효과적이고 좋은 투자라면서 양계는 쉽고 돈이 적게 드는 장점이 있다고 강조했다. 그는 또 다섯 마리의 닭을 기르면 1년에 1,000달러 이상을 벌 수 있다고 설명했다. 아프리카에서 최저 수준의 생활을 하는 데 필요한 '빈곤선(Poverty Line)'은 700달러 정도다.

유엔(UN)에 따르면 사하라사막 이남 아프리카 국가들에선 국민의 41퍼센트가 극심한 빈곤에 허덕이는 것으로 추정된다. 빌의 목표는 이들 국가의 시골에서 현재 5퍼센트 수준인 양계 가구를 30퍼센트까지 끌어올리는 것이다. 흔히 "물고기를 잡아주지 말고, 물고기를 잡는 법을 가르쳐라"라고 한다. 기부마저도 단순하게 퍼주는 것이 아닌 투자 속에서 경제를 배우게 하는 빌의 기부 철학이 돋보이는 대목이다.

그런가 하면 빌앤멜린다 게이츠재단이 2016년 11월, 한국의 한 코스닥 상장 바이오 기업에 투자해 관심을 끌었다. 이 기업은 빌앤멜린다 게이츠재단에서 조성한 GHIF(글로벌헬스투자펀드, Global Health Investment Fund)로부터 800만 달러(약 85억 원)를 투자 유치한 바 있다. 여기에 빌앤멜린다 게이츠재단으로부터 183만 달러의 연구 지원 계약을 끌어낸 것이다. 이번 연구 지원 계약 체결을 계기로 빌앤멜린다 게이츠재단과 바이오 기업은 저개발 국가의 소외된 질병 퇴치라는 공동 목표 아래, 그 협력관계를 더욱 확대할 계획이다. 빌앤멜린다 게이츠재단은 효율적인 말라리아 통제 및 퇴치를 위해 고민감 진단 제품이 필수적이라는 판단 아래, 말라리아 진단 제품의 민감도 개선 프로젝트를 추진하고 있다. 이번에 투자를 받은 국내 바이오 기업은 병원체를 검출하는 고민감 신속 진단키트 플랫폼 기술을 보유하고 있다. 연구 지원비는 해당 플랫폼 기술을 활용해 열대열 말라리아와 삼일열을 비롯한 3종의 말라리아를 진단할 수 있는 종합 말라리아 진단 제품과 변종 말라리아 진단 제품의 민감도 향상을 위해 사용될 계획이다.

GHIF펀드는 1억 800만 달러 규모의 민간 투자 펀드로 세계 보건 향상을 목표로 조성됐다. GHIF는 혁신적인 기술을 보유한 기업들에 투자해 백신 및 진단기기 제품을 합리적인 가격으로 제3국가에 공급할 수 있도록 지원하며 보건의료에 앞장서고 있다. GHIF는 앞서 언급한 국내 코스닥 기업 외에 경구용 콜레라백신을 개발 및 생산하고 있는 국내 또 다른 기업도 지원하고 있다. 이 회사는 재단의 지원으로 콜레라백신의 임상3상 및 GMP(우수의약품 제조 및 품질관리기준) 시설을 구축했다. 현재 콜레라백신은 유니세프(UNICEF) 등의 국제기관과의 네트워크를 통해 국제 빈곤 국가에 공급되고 있다.

재미있는 점은 빌앤멜린다 게이츠재단이 투자를 약속하면서 강조한 내용이다. 콜레라백신의 단가를 1.5-1.8달러 수준으로 낮추고, 일정 물량을 공공백신 시장 확대를 위해 사용해야 한다는 것 등이었다. 백신을 개발하는 해외 대형 제약사들은 많지만, 이들 회사는 수요의 불확실성과 낮은 경제성을 이유로 콜레라백신의 대규모 생산을 꺼리고 있다. 고가의 백신을 생산, 판매해야 높은 이윤을 챙길 수 있기 때문이다.

빌앤멜린다 게이츠재단은 기업 후원을 통해 국제사회의 공공백신 공급 부족 문제를 해결하고, 빈곤 국가의 질병 문제를 개선하는 데 노력하고 있다. 인터뷰 때문에 만났던 이 콜레라백신 개발 기업의 대표는 해외 빈곤 국가의 첫 공급물량에 개인 주머니를 털어 기부하기도 했다고 말했다. 기업의 목적이 이윤 추구이지만, 인류의 보편적 복지를 추구하는 빌앤멜린다 게이츠재단의 도움을 받으면서 사회에 환원하는 기업 활동도 하고 싶다는 것이 그의 바람이었다. 빌의 사회 환원 움직임은 또 다른 새로운 동력을 만들어낸다. 빌 게이츠에서 시작된 사회 환원 이념이 재단과 펀드로, 다시 개별 국가로, 그리고 글로벌 기업으로 전파되고 있다. 행복한 바이러스를 퍼뜨리고 있는 셈이다.

빌 게이츠 그리고 '착한' 금수저, '나쁜' 금수저

빌 게이츠는 대은행가인 미국 서부 명문가 출신이다. 요즘 말로 금수저를 물고 태어난 셈이다. 그의 아버지 빌 게이츠 2세는 워싱턴주립대학교 법대를 나온 성공한 변호사로, 시애틀에서 법률 회사를 경영하며 주변호인협회 회장을 역임했다. 빌의 어머니는 시애틀 은행가의 딸로 워싱턴대학교 사무처장을 지냈다. 또한 폭넓은 인간관계를 맺으며 자선단체의 회장을 역임했다. 외할아버지인 J. W. 맥스웰은 미국 시애틀의 전국 도시은행의 부은행장이었다.

빌 게이츠가 미국 최고의 부자가 될 수 있었던 배경에는 분명 그의 든든한 집안이 있었다. 게이츠 가문이 전 재산을 자식들에게 물려주지 않고 자립심을 강조했다고는 하지만, 이런 자립심과 어린 시절부터의 풍부한 경험과 교육 모두 여유 있는 가문의 경제력이 뒷받침되었기에 가능했다.

빌 게이츠는 여전히 선망의 대상이다. 존경받는 인물이지만, 동시에 막대한 부를 갖춘 부러움의 대상이기도 하다. 시애틀 워싱턴 호수 동쪽에 위치한 게이츠 하우스는 초호화 첨단 주택으로 도서관, 수영장, 극장 등을 갖추고 있다. 시가만 1억-1억 5,000만 달러에 달한다는 얘기도 나온다. 우리나라 돈으로 1,100억 원에서 1,700억 원에 달하는 규모다.

빌 게이츠가 존경받는 이유는 부자의 의무를 실천하는 리세스 오블리주를 적극적으로 실천했기 때문이다. 그는 컴퓨터를 통해 인류 문명에 혁명적인 기여를 했고, 이로써 모은 막대한 재산으로 자선재단을 설립해 사회에 환원하려고 했다.

부를 갖춘 것 자체는 잘못이나 흠이 아니다. 본인과 선조들의 노력이 있었기에 가능했던 것이고, 피나는 창작과 노동의 대가니까. 단, 정당하고 윤리적인 방법으로 부를 축적했을 때만 말이다. 부를 갖춘 사람이 비난의 대상이 되기도 하는 세상이다. 일부 부자들의 탐욕이 커지면서 '있는 사람이 더하다'는 말이 나왔을 정도다. 그러나 단지 돈이 많다는 이유로 비난을 받는 것은 자본주의사회에서 옳지 못하다. 또한 돈이 많다는 이유로 가난한 자들을 착취하고, 편법을 일삼는다면 이 역시 적절치 못한 행동이다.

전문가들은 세계의 빈부 격차가 점점 커지고 있다 경고한다. 돈이 돈을 낳고, 가난한 자들은 자식에게 가난을 대물림해주고 있다. '1대 99'라는 말로 대표되는 미국의 월가 시위도 빈부 격차에서 비롯됐다. 우리나라에선 20세 이상 성인 기준으로 자산 상위 10퍼센트 계층에 금융자산과 부동산을 포함한 전체 부의 66퍼센트가 쏠려 있다는 연구 결과가 나왔다. 하위 50퍼센트가 가진 것은 전체 자산의 2퍼센트에 불과했다. 국제구호단체 옥스팜은 전 세계 상위 1퍼센트 부자들의 재산이 나머지 99퍼센트의 재산을 합친 것보다 많아지면서 부익부 빈익빈 현상이 심화하고 있다고 경고했다. 상위 1퍼센트의 재산이 전 세계 부에서 차지하는 비중은 50.1퍼센트로, 2009년 44퍼센트, 2014년 48퍼센트에서 꾸준히 늘고 있는 것으로 나타났다. 반면, 하위 50퍼센트 인구의 재산은 2010년보다 41퍼센트 이상 줄었다.

부익부 빈익빈 현상을 추구해 나아간 것은 일부 부자들이다. 그러나 아이러니하게도 이를 가장 우려하는 것도 일부 부자들이다. 빈부 격차를 우려하는 부자들은 빈부 격차가 심해져서 사회적 갈등이 야기되고, 부의 불평등 문제로 사회 곳곳에서 폭동이 벌어질 수 있다고 걱정한다.

부자들 사이에서는 부의 불평등 불만이 부자에 대한 공격으로 표출될 거라는 우려도 커지고 있다. 자신들이 가진 모든 것을 지키려다 모든 것을 잃을 수 있다는 우려.

이에 대한 해답을 게이츠 가문에서 찾을 수 있을 것 같다. 단지 빌 게이츠가 많은 재산을 사회에 환원했다고 해서 이렇게 주장하는 것은 아니다. 빌은 사회 곳곳에서 공평한 기회가 주어지길 바랐고, 이를 도서관 후원, 백신 개발 후원 등 자신만의 방식으로 실천했다. 단순히 돈만 기부한다고 해서 부의 불평등 문제가 해결되는 것은 아니다.

'물고기를 주지 말고, 물고기를 잡는 방법을 가르쳐라.'

📷 물고기를 주지 말고, 물고기를 잡는 방법을 가르쳐라

가난한 사람에게 아무 조건 없이 돈을 준다면 당장 생활고에서는 벗어날 수 있을지 모른다. 그러나 시간이 지나면서 잔고가 바닥나면 또다시 가난에 빠질 수 있다. 재산을 어떻게 관리하고 불리는지, 돈으로 어떤 가치에 투자해야 하는지를 많이 경험해보지 못한 탓이다. 오늘만 살기에도 빠듯했던 이들로서는 내일과 미래의 청사진을 펼치기란 쉽지 않았던 탓이다. 빌은 단순한 기부를 넘어 효율적인 기부의 방법까지도 고민했던 인물이다. 부의 불평등 시대 속에서 그는 사회가 어떻게 공존해야 하는지 작은 대안을 보여줬다.

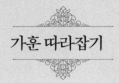

가훈 따라잡기

게이츠 가문은 부의 대물림보다 '자립'을 중요하게 여겼다. 자녀에 대한 관심을 끊으라는 것이 아니다. 오히려 더 많은 관심을 기울여야 한다. 다만 자녀의 꿈을 물어보고, 꿈을 존중해주며, 그 꿈을 이뤄나갈 수 있게 묵묵히 응원해주어야 한다. 그 속에서 아이는 꿈을 이루기 위한 방법을 찾고 실패를 경험하며 자립심이 커진다. 어떻게 보면 게이츠 가문은 자립심도 중요하게 생각했지만, 자녀가 꿈을 꾸고 호기심을 키우는 데 더 많은 노력을 기울였다고 볼 수 있다.

'오랫동안 꿈을 그리는 사람은 마침내 그 꿈을 닮아간다.'

어린아이부터 아빠와 엄마, 할아버지와 할머니까지 모두가 가슴속에 품은 꿈 하나쯤 틈틈이 꺼내어 어루만지다 보면, 적어도 그 꿈을 닮아가는 사람은 되지 않을까.

PART 2

명문가,
아시아 경제를 선도하다

한국의 경제 가문

일류로 나아가라

어린이의 말이라도 경청하라, 이병철 삼성그룹 창업주

"제 사무실에 '경청(傾聽)'이라는 글귀가 담긴 액자가 걸려 있습니다."

2007년 독일 베를린에서 열린 'IFA(세계가전박람회) 2007' 행사장에서 이재용 삼성전자 부회장(당시 전무)은 가훈을 이렇게 소개했다. 경청은 호암(湖巖) 이병철 삼성그룹 창업주가 후손들에게 늘 강조했던 경영철학이다.

호암은 생전에 "어린이의 말이라도 경청하라"면서 경청을 최우선 경영방식이자 삶의 지표로 삼았다. 호암은 아들 이건희 삼성그룹 회장에게도 "사람을 얻으려면 사람의 마음을 읽어야 한다"는 유훈을 남겼다. 삼성을 작은 '씨앗'에서 '거목'으로 키워낸 호암의 리더십은 그야말로 경청에서 비롯됐다. 기울여 들으면 사람의 마음을 얻을 수 있다는 뜻의 '경청득심(傾聽得心) 이청득심(以聽得心)'을 중요하게 여긴 덕분이다.

1953년 휴전 이후 한국 사회의 가장 큰 고민은 먹고사는 것이었다. 60여 년이 지난 지금, 한국이 일군 경제성장은 말 그대로 '기적'이다. 한국 경제를 논하면서 삼성과 호암을 빼놓을 수 없는 이유다. 호암은 1936년 일본 와세다대학에서의 유학을 청산하고 경상남도 마산에서 방앗간을 열었다. 그의 나이 27세였다. 호암은 쌀장사로 돈을 벌자 운수업과 부동산업에 뛰어들었다. 이후 1938년 현재 삼성그룹의 전신인 무역 회사 '삼성상회'를 설립했다. 해방 후 1948년엔 서울로 터전을 옮겨 '삼성물산'이라는 간판을 달았다.

1954년, 호암은 전란으로 피폐해진 곳곳에서 굶주림과 추위에 떨고 있는 국민이 배불리 먹고 제대로 입을 수 있도록 제일제당과 제일모직 공장을 세웠다. 기업경영을 통해 국가에 보탬이 되게 한다는 '사업보국(事業報國)'의 신념이 그 바탕에 있었다. 호암은 생전 "사업보국의 정신이야말로 삼성의 정신이며 긍지이다"라고 누차 말한 것으로 전해진다. 호암의 발자취를 따라가 보면 그가 얼마나 사업보국을 강조했는지 알 수 있다. 기업 성장에 온 힘을 다한 이유가 바로 사업보국이었다고 해도 과언이 아니다.

1950년대 후반, 호암은 국가경제를 발전시키기 위해서는 기간산업의 성장이 필요하다고 판단했다. 제일제당과 제일모직을 통해 먹는 문제, 입는 문제를 어느 정도 해결하자 호암의 이름은 기업인들은 물론 국민 입에도 자주 오르내렸다. 어른들은 용돈을 헤프게 쓰는 아이들에게 "네가 이병철 아들인 줄 아느냐?"며 꾸짖을 정도였다.

호암은 1957년 한국흥업은행, 조흥은행 주식을 사들였다. 이로써 시중은행 절반을 소유한 호암은 호남비료, 한국타이어, 삼척시멘트 등의 지분을 확보해 기간산업 발전에 힘썼다. 호암이 한국 제일의 기업가로 불린 것은 이때부터다. 그러나 호암의 일생이 순탄하지만은 않았다. 호암은 정권이 바뀔 때마다 부정 축재 혐의로 조사를 받았고, 추진하던 사업이 백지화되는 등 어려움을 겪었다. 하지만 호암은 그때마다 꿋꿋이 사업보국만을 생각했다.

호암은 한 번 연구해야 할 사안이라고 생각하면 그것을 끝장낼 정도로 지독하게 대상에 집중했다. 그의 연구는 조직적이고 치밀했다. 연구해야 할 사안이 발생하면 우선 관련 서적을 최대한 수집해서 꼼꼼하게 읽었다. 이어 해당 사안에 정통하고 견문이 넓은 교수나 전문가를 식사에 초대해 얘기를 나눴다. 여러 사람을 한 번에 부르는 것이 아니라 한 사람, 한 사람 따로 만나서 사안에 대한 사정을 소상히 파악했다. 이후 해당 분야 기업가를 만나 얘기를 듣고 나름의 사업 구상을 한 뒤에야 비로소 구체적인 검토 내용을 비서실에 지시했다. 에버랜드를 만들 때도 세계 일류 테마파크를 모조리 조사 및 검토하도록 지시했고, 제일모직이 셔츠를 만들 때도 전 세계 명품 셔츠를 150장 구입해 매일 하나씩 입어봤다고 한다. 호암에게 경청은 사업 성공을 위한 필수 과정이었고, 이를 통해 실패를 최소화했다는 평가를 받고 있다.

마누라와 자식만 빼고 다 바꿔라

호암의 '경청 리더십'은 아들에게 여과 없이 대물림됐다. 1987년 12월 1일, 호암의 셋째 아들 이건희 당시 해외사업추진위원회 위원장이자 삼성그룹 부회장이 46세의 젊은 나이에 삼성그룹 회장으로 임명됐다. 호암의 사업보국 정신을 이을 후계자가 결정되는 순간이었다. 해외사업추진위원회는 해외 건설, 플랜트 수출, 합작 등을 효율적으로 추진하기 위해 핵심 계열사 사장을 비롯한 수뇌부로 구성됐다.

이건희 회장은 '경청'의 경영철학을 바탕으로 탄생한 '신경영'을 앞세워 지난 1997년 외환위기 등 위기를 극복했다. 호암은 무엇보다 이 회장의 됨됨이를 높이 평가했다. 이 회장은 자리에 앉아서 나이 많은 사장들을 불러대는 일이 없었다. 모르는 것이 있으면 망설이지 않고 누구에게나 물어봤다. 만약 문제가 생기면 밤을 새워서라도 해결하려 노력했다. 특히 그가 학계와 전문 지식인들을 만나 그들의 지식과 의견을 경청하며 경영목표를 수립해갔던 일화는 너무나 유명하다. 이 회장은 호암과 비슷한 모습이 많은 것으로 회자된다. 그중 추진력과 집념, 일에 대한 고집은 아버지를 넘어설 정도라는 평가다. 관심 분야에 대해 끊임없이 파고드는 습관은 그를 전문가에 준하는 지식인으로 만들었다.

이 회장은 경영에서 동물적인 감각을 보였다. 서울올림픽이 열린 1988년, 삼성그룹은 창립 50주년을 맞았다. 이 회장은 그해 '제2의 창업'을 선언했다. 각각 나뉘어 있던 가전, 반도체, 휴대전화 계열사를 삼성전자의 한 지붕 아래 들이는 등 사업 구조를 뜯어고쳤다. 이 회장이 삼성의 지휘봉을 잡은 지 5개월도 안 된 시점이었다. 1977년 삼성의 후계자로 공식 지명된 이후 10년간 경영수업을 받으며 초일류 삼성으로의 도약 해법을 차근차근 마련한 것이다.

'포스트 이병철' 시대를 본격적으로 연 이 회장은 세계 1등 기업을 만들기 위한 자신만의 플랜을 하나씩 실행에 옮겼다. 이 회장은 평소 말을 아꼈지만, 결정적인 순간마다 특유의 직설화법으로 화두를 던졌다. 이 회장의 한마디는 그 자체로 돌파구가 됐고, 삼성의 도전과 혁신의 동력이 됐다. 1993년 6월 7일, 이 회장의 독일 프랑크푸르트 선언이 그 대표적 예다.

"마누라와 자식만 빼고 다 바꿔라!"

신경영 선언 당시, 이 회장이 '변화와 혁신'을 강조하면서 남긴 말이다. 해외 출장 중이던 이 회장은 독일 프랑크푸르트 캠핀스키 호텔로 임원진 등 200여 명을 불러 모았다. 이 회장은 이 자리에서 "이제 양 위주의 의식, 제도, 관행에서 벗어나 질 위주로 철저히 변해야 한다"라고 강조했다. 끊임없이 변하지 않으면 2류로 전락할 것이라는 위기의식이 바탕에 있었다. 실제로 삼성이 초일류 기업으로 성장한 원동력은 이러한 위기의식 때문이라는 평가가 나온다.

삼성의 신경영 시작은 한 명의 일본 전문가로부터 시작됐다. 1990년 삼성전자 디자인 고문으로 영입된 후쿠다 고문은 삼성의 문제점과 개선 방향을 담은 이른바 '후쿠다 보고서'를 이 회장에게 제출했는데, 이 보고서가 프랑크푸르트 선언의 기폭제가 됐다.

후쿠다는 2015년 삼성 사내망인 '미디어삼성'과의 인터뷰를 통해 다음과 같이 밝혔다.

'당시 이 회장이 내 보고서를 읽고 이런 일이 있었냐, 하며 크게 화를 냈다고 들었다. 프랑크푸르트에 도착하자마자 국내 임원들을 불러들였고 그곳에서 굉장한 회의가 시작됐다는 소식이 들려왔다.'

그는 또 이렇게도 밝혔다.

'삼성에 영입될 당시 모방 제품이 많아 문화 충격을 받았다. 일본 소니가 1류, 파나소닉은 1.2류, 샤프나 산요가 1.5류였다면 삼성은 당시 2류였다. 디자이너들에게 절대 흉내내지 마라, 오리지널이 아니면 세계 시장에서 이길 수 없다, 라고 당부했다.'

이건희 회장이 후쿠다의 의견을 경청했기에 삼성의 변화가 가능했던 것이다. 만약 이 회장이 후쿠다의 보고서를 그냥 흘려 넘겼다면 지금의 삼성은 없었을지 모른다. 삼성과 이건희 회장에 대해 다양한 평가가 엇갈리지만, 프랑크푸르트에서의 신경영 선언은 삼성을 바꾼 일대의 전환기이자 '신의 한 수'라 할 만한 경영계의 전설이다.

이재용 부회장의 '조용한 혹은 아쉬운 리더십'

삼성 가문의 장남 이재용 부회장도 호암과 이건희 회장에 이어 경청의 경영철학을 이어가고 있다. 이 부회장은 직설적이고 공격적인 화법을 구사하는 아버지와 달리 얼굴에 미소를 띠고 온화한 말투를 사용한다. 재계는 이 부회장을 부드러운 카리스마의 인물로 평가한다. 삼성그룹 관계자는 "이 부회장은 상대방의 얘기를 충분히 듣고 나서 자신의 의견을 말한다"면서 "웃고 있을 때가 많아 항상 밝아 보인다"고 전했다. 대화를 즐기는 이 부회장의 스타일은 글로벌경영에 큰 도움이 되고 있다. 글로벌 기업 CEO를 만날 때도 이 부회장의 화법은 상대방의 호감을 불러일으키는 역할을 한다는 후문이다.

이재용 부회장은 아버지가 급성 심근경색으로 자리를 비운 이후 글로벌 각계 인사들을 만나며 폭넓은 행보를 보였다. 2014년 7월 미국 아이다호주 선밸리에서 개최된 앨런앤드코 미디어 컨퍼런스에서는 애플 CEO 팀 쿡, 구글 CEO 래리 페이지를 만나 독일과 영국 등 곳곳에서 벌어지고 있던 특허소송 취하를 끌어냈다. 9월에는 방한한 사티아 나델라 마이크로소프트 CEO와 만나 특허분쟁 문제에 대해 협의했다.

중국과의 관계도 강화하고 있다. 2014년에만 중국 시진핑 국가주석을 세 차례에 걸쳐 만났으며, 이듬해 시진핑 주석이 기조연설을 하는 보아오 포럼에도 참석했다. 또한 후춘화 광둥성 당서기, 경제 분야를 맡고 있는 마카이 부총리 등 차세대 지도자들과도 활발히 교류했다.

이 부회장의 조용한 리더십은 삼성의 위기 상황에서 빛을 보고 있다. 2015년 6월 삼성서울병원에서 중동호흡기증후군(메르스) 환자가 대규모로 발생했을 당시 직접 병원을 찾아 "삼성서울병원에서 메르스가 확산돼 죄송하다. 최대한 사태를 빨리 마무리할 수 있도록 최선을 다하겠다"며 사과와 함께 재발 방지를 약속하며 책임 있는 오너의 모습을 보였다. 당시 이 부회장은 수일간 발표문을 직접 가다듬으며 진정성 있는 사과를 위해 노력한 것으로 전해진다.

앞서 삼성전자 반도체 사업장의 백혈병 피해 노동자 보상 문제와 관련해 '반올림(반도체 노동자의 건강과 인권지킴이)'과 대화의 물꼬를 트기도 했다. 이건희 회장이 입원하고 사흘 뒤 권오현 삼성전자 대표이사(부회장)가 직접 합당한 보상을 약속하는 등 쟁점 사항에서 전향적인 태도 변화를 보이며 대화를 끌어냈다. 단, 논의 과정에서의 갈등 등에 대해서는 여전히 평가가 엇갈린다.

2016년 가을, 갤럭시노트7 배터리 발화 문제가 불거졌을 당시에는 전량 리콜과 교환을 결정하며 사태 진화에 나섰다. 삼성 사내 게시판 등을 중심으로 사내 구성원들의 사기 진작과 기업 이미지관리를 위해 문제 제품에 대한 리콜과 환불 등 대승적 차원의 결정이 이뤄져야 한다는 주장이 제기됐다. 이는 당장의 손실보다 장기적 관점에서 해결책을 제시할 필요가 있다는 경영진의 판단에 결정 배경이 되었다. 경청을 중시한 이 부회장이 사내 구성원들의 이야기를 무시하기 어려웠을 것이라는 얘기도 나온다. 삼성의 리콜 결정은 업계에서 환영할 만한 결정이라는 평을 받았다. 그러나 배터리 교체 이후에도 발화 문제가 제기되자 삼성은 결국 갤럭시노트7의 판매 중단 결정을 내린다. 갤럭시 시리즈의 신화에 집착하는 대신 기업의 신뢰를 택한 것이다. 삼성의 이 같은 결정은 단기적 손해가 불가피하더라도, 해당 제품으로 인한 기업 이미지 손상과 이에 따른 차기 제품에 미치는 영향을 최소화하겠다는 의지로 해석된다. 이 발표에 경영진의 결정과 함께 이 부회장의 최종 판단이 묻어 있음은 물론이다. 이 사건은 과거 이건희 회장이 삼성 휴대전화의 품질을 문제 삼으며 제품 전량을 직원들이 보는 앞에서 불태워버렸던 일화와 오버랩되기도 한다.

반면, 2016년을 뜨겁게 달궜던 이른바 '최순실 국정농단' 사건 조사 과정에서 삼성의 이름이 거론되며 불미스러운 일에 연루되었다는 것은 이 부회장에게는 큰 오점으로 남았다. 특히 이 사건과 관련해 구속되어 재판을 받는 모습은 그의 경영 인생에 상당한 타격이 되어 꼬리표처럼 따라다니고 있다. 이 부회장이 경영 일선에 나선 뒤 보였던 그동안의 행보와 노력도 이번 사건으로 묻혀버렸다. 그룹 총수로서 회사의 리스크관리를 제대로 하지 못했다는 비난도 받았다. 특히, 국민의 거부감과 반감이 심한 정경유착의 의혹에 괘씸죄까지 더해졌다. 조금씩 신뢰를 회복해가던 삼성이 이번 일로 기업 이미지에 큰 타격을 받았다는 우려도 나온다. 수십만 명의 삼성 임직원과 협력사 관계자, 투자자와 소비자, 그리고 한국경제에서 삼성이 차지하고 있는 비중 등을 고려할 때 이번 일을 경영인의 단순한 일탈로 보아 넘기기에는 절대 가볍지 않다.

이 부회장에 대한 평가는 앞으로도 계속될 것이다. 이 회장과 삼성이라는 우산 아래, 그동안 그의 경영 능력은 온전히 평가받기 어려웠다. 이 회장의 부재 이후 이 부회장의 행보를 돌이켜보면 경영적으로는 대체로 평가가 긍정적이다. 유망 벤처기업 인수, 신사업 추진력, 메르스와 갤럭시노트7 사태 때 보여준 위기관리 능력, 백혈병 피해 보상 문제 논의 등에서 주목할 만한 성과를 냈다는 것이다. 그러나 여러 과정에서 발생하는 갈등과 경영관리 능력에서 의구심을 제기하는 전문가들도 있다. 또 윤리적 기업의 사회적 책임 측면에서 부족한 모습을 자주 보였다는 지적도 있다.

중요한 것은 호암의 '경청 정신'과 이 회장의 '경영 리더십'을 본받아 회사를 이끌어나감과 동시에 존경받는 기업과 가문 만들기의 첫 단추가 이 부회장 세대에서 이뤄져야 한다는 점이다. 선대들이 삼성이라는 기업을 키우기 위해 애써왔다면, 이 부회장 세대에서는 잘 키운 기업이 오래 지속되도록 기업의 사회적 역할과 환원에 조금 더 관심을 기울였으면 하는 바람이다. 100년을 넘게 혹은 그 세월 가까이 이어온 기업과 가문은 막대한 부를 초월하여 '존경받는 가문과 기업'이라는 사회적 가치를 지켜가기 위해 부단히 애써왔다는 점을 꼭 명심해야 할 것이다.

'약속'과 '신의'를 강조한 구인회 LG 창업주

연암(蓮庵) 구인회 LG그룹 창업주는 신의를 가훈처럼 강조했다. 그는 "한 번 사귄 사람과 헤어지지 말고, 헤어지더라도 적이 되지 말라"며 후손들을 훈육하고, '인화(人和)'를 경영이념과 가훈으로 삼았다. 그가 싹을 틔운 LG의 경영철학과 기업문화는 오랜 기간 쌓아온 사업 경험과 통찰력, 그리고 기업인으로서 자긍심이 한데 모여 축적된 결과물이다. 인화·신용·근검절약·정도경영·기술혁신·인재존중·국제화로 압축되는 연암의 경영철학은 2대 구자경과 3대 구본무로 계승되면서 변화 및 발전하여 오늘날 '글로벌 LG'를 일구는 토대가 됐다.

'천시불여지리 지리불여인화(天時不如地利 地利不如人和).'

이는 동양의 고전 《맹자(孟子)》에 나오는 말로, '천시가 지리만 못하고, 지리가 인화만 못하다'로 풀이된다. 하늘이 주는 좋은 때는 지리적 이로움만 못하고 지리적 이로움도 사람의 화합만 못하다는 뜻이다. 우리나라 굴지의 대기업인 LG그룹에 이 세 가지 관점은 경영의 중심 주제가 되고 있다. 특히 인화는 연암이 시작했으며 손자인 구본무 현 LG그룹 회장에 이르러 '정도경영'으로 결실을 보았다.

LG 가문의 핵심 가풍이라 할 수 있는 '인화'는 GS그룹의 허씨 가문과 57년간의 성공적 동업 관계를 유지한 후 아무런 잡음 없이 '아름다운 이별'을 할 때도 빛을 발했다.

두 그룹이 분리를 앞둔 2001년 어느 날, LG그룹의 구자경 명예회장과 LG건설의 허준구 명예회장이 마주 앉았다. 허 명예회장은 아들 허창수 회장이 애지중지하며 키워낸 LG전선과 LG산전을 직접 맡겠다는 뜻을 밝혔다. 그러나 구 명예회장은 "그건 곤란하다"며 난색을 보였다. 이에 허 명예회장은 돌아와 가족회의를 열었다. 물론 가족들은 술렁였지만 허 명예회장은 구 명예회장을 믿고 포기를 선언했다. 이후 LG전선과 LG산전, E1 등은 구 명예회장의 사촌들에게 돌아갔다. 구 명예회장은 사리사욕을 채운 것이 아니라 집안의 인화를 위해 사촌들 몫까지 염두에 둔 것이다. 분리를 논의하던 중 이번에는 LG정유(현 GS칼텍스)가구씨 집안에서 논란이 됐다. "가만히 있어도 돈이 되는 정유사업을 허씨 집안에 넘겨야 하느냐"는 문제였다. 이에 구 명예회장은 "내가 아까워 하는 것을 내줘야 그쪽에서 서운하지 않을 것"이라며 정리했다고 전해진다.

반세기 동안 두 집안을 이어줬던 것은 신뢰와 의리였고, 이는 LG 가문의 엄격한 가정교육에서 비롯됐다. 연암은 앞서 말했듯 "한 번 사귀면 헤어지지 말고 부득이 헤어지더라도 적이 되지 말라"며 자식들에게 늘 인화를 강조했다. LG 가문의 핵심 가치를 만든 연암은 인(仁)과 덕(德) 그리고 근검절약을 생활화하며, LG연암문화재단 설립을 통한 교육 분야 등에도 심혈을 기울여 기업의 사회적 가치 창출에 본보기가 됐다.

특히 국민생활에 편의를 제공하는 제품 위주로 사업을 시작하여 우리나라의 효시인 플라스틱 산업, 전자 산업, 석유화학 산업 등을 중심으로 근대적 공업화의 기업군을 형성했다. 또 국가 산업 여명기에 국민생활에 꼭 필요한 화장품과 플라스틱, 치약, 라디오, 전화기, TV, 세탁기 등을 개발했다. 이러한 LG의 발걸음은 현재의 고객 중심 경영관의 밑바탕이 됐다.

구본무 회장 역시 자녀들에게 약속과 신의를 강조했다. 이것은 일상적인 인간관계뿐만 아니라 거래관계에서도 두루 적용됐다. 구 회장의 근검절약 정신도 뛰어나다고 소문나 있는데, 이 또한 조부로부터 물려받은 정신이라고 한다.

시련은 있어도 실패는 없다, 아산 정주영

현대 가문의 경우, 이른 아침에 가족 모두가 식사를 하며 가풍을 공유했다. 아산(峨山) 정주영 현대그룹 창업주는 새벽 5시에 기상해 식사하는 것으로 유명한데, 이 가족 식사에는 온 가족이 모두 빠짐없이 반드시 참석해야만 했다. 만약 시간에 늦으면 아산에게 뺨을 맞을 정도로 엄격했다고 한다.

아산은 부지런하면 세상에 어려울 것이 없다는 '일근천하무난사(一勤天下無難事)'의 정신을 강조했다. 이 정신을 받든 정몽구 현대차그룹 회장은 부지런함과 특유의 추진력을 결합해 현대기아차를 글로벌 기업 반열에 올려놨다. 정 회장의 트레이드마크인 현장경영이나 품질경영도 모두 '부지런함'과 '하면 된다'는 자세로부터 비롯됐다는 분석이다.

아산은 1946년 현대자동차공업사를 설립했다. 그의 자동차 회사 설립은 순탄치만은 않았다. 1975년 5월 리처드 스나이더 주한 미국대사는 그에게 자동차의 독자 기술 개발을 포기하라고 권유했다. 스나이더 대사는 당시 "독자 모델을 포기하면 모든 힘을 다해 도와주겠다"며 "현대가 미국 회사를 선택하기만 하면 유리한 조건으로 조립생산을 지원하겠다"고 그에게 말했다.

독자 기술 개발 대신 미국 자동차 회사의 조립공장이 되라는 뜻이었다. 그러나 아산은 이를 받아들이지 않았다. 그는, 외국 자동차 조립생산은 당장 좋을지 몰라도 결국 속 빈 강정일 것이라고 평가했다. 장래성이 없다는 판단이었다. 그의 이 같은 생각은 우리나라 자동차 산업 성장의 분기점이 됐다.

아산은 사업의 미래를 위해서는 주변의 조언을 스스럼없이 받아들였던 것으로도 유명하다. 그는 고(故) 이상순 일산실업 명예회장(정도원 삼표그룹 회장의 장인)과 가까이 지낸 것으로 알려져 있다. 그는 이 명예회장과 전국의 이곳저곳을 함께 돌아다니며 사업 구상과 터에 대해 함께 논의했다.

재계 원로들은 "이상순 명예회장과 정주영 명예회장은 아홉 살의 나이 차이에도 불구하고 형 동생처럼 친하게 지냈다"며 "한국 산업의 창업 정신을 일군 1세대"라고 입을 모은다.

아산의 도전 정신과 창업 정신은 지금의 범현대 가문이 물려받았다. 정몽구 회장은 '싸구려 제품'이라는 현대차 이미지를 불식시키고 글로벌 자동차 메이커로 발돋움시켰고, 현대기아차는 글로벌 생산량 5위를 기록할 정도로 전 세계에서 확고한 위치를 차지하고 있다.

경제 가문, 앞으로의 과제는?

삼성, LG, 현대 등 국내 대기업들은 한국 경제를 이끈 주역으로 인정받으면서도 재벌가 문제, 노사 갈등 등 여러 현안에서 평가가 엇갈린다. 한국의 기업사는 60년의 짧은 역사를 갖고 있다. 창업 세대는 전란으로 피폐한 한국 사회의 재건에 힘썼고, 2세대는 한국 경제의 발전을 이끌었다. 그렇다면 앞으로의 과제는 무엇일까. 3-4대에 남겨진 과제는 '기업의 지속 가능한 성장을 어떻게 이뤄낼 것인가?'이다. 한국 사회는 세대교체에 직면한 재계를 주목하고 있다. 의식이 성장한 만큼 시민사회는 오너 일가의 일거수일투족에 큰 관심을 보인다.

국내경제 가문 사람들은 권위의식과 불공정한 경쟁의식에 사로잡혀 때로 실망스러운 모습을 보이기도 한다. 대중은 국내 대기업에 대해 '경영인'으로서의 이미지보다는 '재벌'로서의 이미지를 더 강렬하게 인식하고 있다. 회사를 이끌고 경제를 움직이는 경영인이라는 역할보다는 돈 많은 재벌이라는 인식이 강하다는 뜻이다. 국내 경제 가문들의 이미지가 이렇다 보니 경영적 성과보다는 재벌로서 자산을 얼마나 가지고 있다느니, 세계 몇 대 부호라느니 등의 가십거리에 사람들은 더 많은 관심을 보이는 듯하다.

📷 경영인보다 돈 많은 재벌이라는 인식이 강하다

이는 첫 단추부터 잘못 꿴 우리 경제 역사에서 비롯됐다. 전쟁의 상흔을 딛고 기업은 정부의 각종 혜택과 지원을 등에 업고 급성장했다. 그 덕분에 우리나라 경제는 빠른 속도로 성장할 수 있었지만, 더불어 많은 부작용을 낳았다. 그중에서도 임금, 비정규직 등 노동 문제를 비롯해 정치권과 경제계의 유착이라는 부작용 등은 속히 해결해야 할 문제들이다. '최순실 국정농단' 의혹으로 시작된 사건은 대기업들이 전경련을 통해 문화, 스포츠재단에 거액을 지원했다는 의혹으로까지 번졌다. 이들 기업은 총수의 사면과 기업 간 합병 등 중요한 이슈를 앞두고 있었고, 재단에 지원금을 출연하는 대가로 정부로부터 편의를 받았다는 의혹을 받았다. 최근 수십 년간 반복되어온 정치권과 경제계의 어두운 연결고리가 다시 모습을 드러낸 듯하다. 근본적으로는 정경유착이 발생하는 우리 사회의 시스템적 문제이지만, 또 한편으로는 회사 최고경영자의 잘못된 판단에 따른 잡음이기도 하다. 회사 오너를 비롯해 경영에 참여한 후손들의 책임이 자유로울 수 없는 이유이자 이들이 비난을 받는 원인이다.

그러나 경제 가문은 때론 노블레스 오블리주를 실천하며 시민으로부터 뜨거운 호응을 받기도 한다. 이건희 회장의 장녀 이부진 호텔신라 사장은 몇 년 전 호텔신라 출입문을 들이받은 80대 택시기사에 대한 4억 원 상당의 변상 신청을 취소하며 3세 경영인의 대표적 미담으로 회자되기도 했다. LG가는 연암 때부터 구본무 회장까지 3대에 걸쳐 LG연암학원, LG복지재단, LG문화재단 등 공익재단을 통해 여러 분야에서 꾸준히 사회 각계각층 소외 이웃들을 지원해오고 있다.

국내 경제 가문들이 사회 환원을 비롯해 다양한 노력을 했음에도 아직 국민에게 부정적인 이미지로 인식되고 있다는 것은, 달리 말하면 그동안 자행해온 부정과 부패의 충격이 너무 컸다는 방증이다. 열 번을 잘해도 한 번을 잘못하면, 사람들은 잘못한 것만 기억한다는 말이 있다. 대중은 국내 경제 가문이 잘해왔던 행동보다 잘못한 것들을 더 많이 기억한다. 결국, 해법은 경제계 후손들에게 달렸다. 시대적·사회적 분위기를 읽어내고, 그에 걸맞은 변화된 움직임을 보여줘야 할 때다. 세계 시장에서도 회자되는 100년 한국경제 명문가. 그 출발점에는 후손들의 사회 환원 노력과 지속 가능한 성장, 그리고 존경받는 기업을 어떻게 만들 것인가에 대한 고민에서부터 비롯되어야 한다.

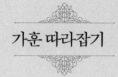

가훈 따라잡기

삼성, LG, 현대의 가훈은 경청, 신의, 창업가 정신 등이었다. 이는 경영인들에게 꼭 필요한 지침과도 같다. 타인의 말에 귀를 기울이지 않는 이는 도태되거나 좁은 시야에 갇히기 쉽다. 거래 상대 및 회사 구성원과의 신뢰는 사회적 자본으로 중요한 무형자산이다.

새로운 것에 대한 갈망과 도전은 기업가들이 세상을 주도해온 창업가 정신의 밑바탕이었다. 이 모든 의미를 함축하면 '듣고, 읽고, 생각하고, 말하라' 정도로 요약되겠다. 타인의 말을 '듣고', 타인의 마음을 '읽으며', 이를 어떻게 자신의 의견과 조화시켜 추진할지 '생각'하면서, 거듭된 고민 끝에 나온 해답을 '말'로 표현하면 다른 사람과의 신뢰를 쌓을 수 있다.

많은 시간을 홀로 컴퓨터 모니터 또는 운전대 앞에 앉아서 보내는 우리는 하루 중 얼마나 듣고, 읽고, 생각하고, 말하는 데 시간을 쓰고 있을까. 잠시 이 책을 덮고 '나의 삶을 위해서 무엇을 듣고 읽을 것인가?', '앞으로 어떤 생각을 하며 살아갈 것인가?', '어떤 말들로 가훈을 만들어갈 것인가?'에 대해 고민해보는 시간을 가져도 좋을 듯하다.

유일한 가문

스스로 길을 개척하라

존경받는 기업인의 정석

1971년 4월 유한양행 사장실. 유일한 박사가 76세의 나이로 세상을 떠나고 그의 가족들과 회사 대표 등이 모였다. 유 박사가 남긴 유언장을 개봉하기 위해서였다. 이날 공개된 유언장은 사흘 뒤 세상에도 공개됐다. 그가 남긴 여섯 장의 유언장은 세상에 큰 파장을 불러일으켰다. 지금까지 한국 사회에서 이런 유언은 없었다고 할 정도로 충격적이었다.

유언장의 골자는 자식들에게 알아서 살라는 것이었다. 우선 아들 유일선의 딸이자 일곱 살짜리 손녀인 유일링에게 대학 졸업 때까지 학자금으로 1만 달러를 준다는 내용이 담겼다. 아들 유일선에게는 '대학까지 졸업시켰으니 앞으로 자립해서 살아가라'는 당부뿐이었다. 딸 유재라에게는 자신이 설립한 유한공고 내의 묘소와 주변 땅 5,000평을 준다는 내용과 함께 어머니를 돌봐달라는 당부만 담겼다.

유언장의 하이라이트는 유 박사가 소유한 주식 14만 941주가 전부 한국 사회 및 교육 원조에 쓰이길 원한다는 내용이었다. 이 주식은 당시 시세로 36억 원인데, 2016년 9월 기준 유한양행의 주가가 주당 30만 원 안팎에서 거래되는 점을 고려하여 단순 계산해볼 때 약 420억 원을 기증한 셈이다. 1970년에 비해 현재 한국 경제의 규모가 커졌다는 점과 화폐가치 등을 고려하면 기부액은 최소 몇천 억 원에 이를 것으로 추정된다. 특히 유 박사는 일상생활 물건 몇 개와 구두 두 켤레, 양복 세 벌 등의 유품밖에 남기지 않은 것으로 전해져 사람들의 마음을 더 뭉클하게 했다.

유일한의 운명을 바꾼 미국 유학

유일한 박사의 됨됨이는 그의 부친을 보면 쉽게 이해할 수 있다. 부친 유기연은 경상북도 예천에서 태어나 일찍 부모를 여의었다. 그 탓에 그는 어린 시절부터 친척집을 전전하며 살아왔다. 26세 되던 해, 그는 어느 날 그저 순응하며 살아가는 자신의 처지가 한심스러워 앞날을 고민하기 시작했다. 그리고 이내 전국을 여행하자는 결정을 내렸다. 그는 몇 달 후 평양에 흘러들었고, 그곳에서 머슴살이와 장사 등을 하며 생계를 꾸려갔다. 장사하러 나가던 날이면 늘 작은 주막집에 들르곤 했는데,

그게 인연이 되어 그 집 과부의 딸과 결혼하여 6남 3녀를 낳았다. 아홉 자식 중 장남이 바로 유일한 박사이다.

당시 유기연은 선교사들을 통해 교세를 확장 중이던 기독교에 입교했다. 유일한이 10세 되던 해, 유기연은 미국인 선교사로부터 한국 아이를 미국에 유학 보낼 계획이라는 소식을 듣고 장남을 유학 보내기로 결심했다. 겨우 열 살 된 어린 아들을 멀리 보내야 하는 안쓰러운 상황에서 그는 마음을 다잡고 유일한에게 당부했다.

"우리 가족이 잘되자고 너를 미국에 보내는 것은 절대로 아니다. 조국을 위해 일하라고 보내는 거다. 너는 열심히 공부해서 나라를 위해 일해야 한다."

미국으로 건너간 유일한은 15년 만인 1919년 미시간대학교 상과를 졸업했다. 그리고 디트로이트의 에디슨 변전소에서 근무하다가 창업을 결심, 숙주나물과 콩나물 통조림 가공업의 라초이식품을 시작했다. 몇 번의 실패를 거듭한 뒤 그는 자산가로 성공한다. 사업에 성공한 그는 만주 북간도로 이주한 가족을 만나러 중국으로 향했다. 21년 만에 다시 만난 아버지는 아들의 성공을 자랑스러워하면서도 다시 한 번 당부했다.

"조국과 민족을 먼저 생각하고 정직과 성실이라는 덕목을 잃지 말거라."

미국으로 돌아온 유 박사는 호미리와 결혼한 뒤 라초이식품을 정리하고 귀국길에 오른다. 민족기업을 세워 민족의 경제 자립에 힘을 보태겠다는 의지 아래, 그는 종로 2가에 제약 회사 유한양행을 설립했다.

1926년이었다. 세계 대공황의 여파를 잘 견딘 유한양행은 순이익이 늘어나면서 회사 규모가 커졌다. 1936년, 주식회사로 전환한 후 그는 파격적인 행보를 보였다. 국내 기업으로는 처음으로 종업원지주제를 도입한 것이다. 100퍼센트 지분을 갖고 있던 유 박사는, 기업은 개인 소유가 아니라 국가와 사회, 종업원의 것이라는 신념 아래 주식의 52퍼센트를 사원들에게 넘겼다. 이와 함께 직원 복지를 위해 '윌로우 구락부'라는 공제회를 만들어 어려운 사원들을 도왔다.

위기의 순간에도 정도경영

유한양행의 성장이 항상 순탄했던 것만은 아니다. 38선이 생기면서 유한양행은 북한과 중국에 뒀던 사업 기반을 잃었다. 이 때문에 회사 규모는 전성기의 20퍼센트로 쪼그라들었다. 그러나 유 박사는 좌절하지 않고 유한양행을 다시 키웠고 1970년에는 미국 킴벌리클라크와 합작하여 유한킴벌리를 설립했다. 그는 늘 말했다.

"정성껏 좋은 상품을 만들어 국가와 동포들에게 보답해야 한다. 정직하고 성실하고 양심적인 인재를 양성해야 한다. 기업의 이익은 기업을 키워 일자리를 창출하는 데 사용해야 한다. 정직하게 세금을 내야 한다. 남은 것이 있다면 그 기업을 키워준 사회에 환원해야 한다."

유 박사의 신념을 보여주는 사례가 있다. 일제 강점기 때 약효를 높이고자 약에 마약 성분을 섞는 일이 업계에 종종 있었는데, 이를 끝까지 거부한 것이다. 약에 마약 성분을 넣으면 금방 효과가 나타나는 것처럼 보여 제약사들에게는 달콤한 유혹이 아닐 수 없었다. 유한양행도 일부 영업 사원들이 이를 적극적으로 사용하자는 주장을 했다. 그러나 유 박사는 이 주장을 한 직원에게 면박을 줬다.

"그동안 우리 회사에서 일하면서 배운 게 고작 그 정도인가? 일시적으로 약의 효과를 높이기 위해 마약 성분을 섞는다는 것은 우리 제품을 믿고 찾는 소비자들을 속이는 짓이다. 더 나아가 나라 전체를 좀먹는 일이다. 아무래도 안 되겠네! 당장 사표 내게."

유 박사의 격노에 그 영업 사원은 싹싹 빌었다고 한다. 이후에도 유한 양행에서는 비윤리적이고 비양심적인 경영 활동을 찾아볼 수 없었다.

유 박사는 이승만 정권 시절에 또 한 번 어려움을 겪는다. 집권하던 자유당이 유한양행에 3억 환에 이르는 정치자금을 은밀하게 요구한 것. 하지만 유 박사는 정치자금을 제공함으로써 얻을 법한 달콤한 유혹들을 뿌리치고 정권의 요구를 묵살했다. 결국, 정치자금 요구 압박에 응하지 않은 유한양행은 혹독한 세무감찰의 표적이 됐다. 유 박사는 국민을 위한 예산으로 쓰일 귀한 돈이라며 세금을 원칙대로 모두 납부해왔기에 세무감찰을 탈 없이 넘길 수 있었다. 당시 유한양행 세무조사를 맡은 감찰팀장은 "이십 일간 세무조사를 했지만, 한국에 이런 업체가 있나 싶은 생각이 들 정도였다. 털어도 먼지 한 톨 안 나오더라"라고 말해 눈길을 끌었다. 유한양행은 설립 이후 세금 문제로 법의 심판을 받은 적이 한 번도 없었다. 오히려 정치권의 표적이 됐다가 투명한 회계와 성실 납부로 상을 받았을 정도다. 1961년 구악 척결이라는 명분을 내건 군사정권이 강도 높은 세무 조사를 벌였으나 오히려 감동한 조사당국이 성실 납세자로 유한양행을 선정해 표창장을 수여한 것이다.

아들과 조카를 회사에서 내보낸 유일한 박사

유 박사가 말년에 유한양행을 계속 이끌어갈 후계자 문제로 고민하고 있을 때였다. 임원들은 미국에서 변호사로 활동하고 있는 아들 유일선을 불러 기회를 줘야 한다고 주장했다. 유한양행은 설립 때부터 개인회사가 절대 아니라고 늘 강조해왔던 유 박사는 고민 끝에 임원들의 말을 받아들여 아들에게 기회를 주기로 한다. 아들 유일선에게 처음 주어진 자리는 부사장이었다.

그러나 유 박사는 유일선의 경영방식이 마음에 들지 않았다. 유일선은 한국어에 서툴렀고, 미국식 사고방식으로 부하 직원들과 융화되지 못했다. 특히 공익적 측면은 무시한 채 이익 극대화로 회사를 키우는 데 몰두한다는 점이 가장 큰 문제점이었다. 결국 유 박사는 "조직에 친척이 있으면 회사 발전에 지장을 받는다. 내가 살아 있는 동안 우리 친척을 다 내보내야 한다"며 부사장을 지낸 아들, 조카를 해고했다.

아들 유일선은 가지고 있던 주식을 모두 팔아버리고 다시 미국으로 떠났다. 이를 계기로 유 박사는 '가족경영은 절대로 안 된다'는 교훈을 얻었다고 한다. 그렇게 유한양행은 유 박사의 친인척들을 철저히 배제한 전문 경영인 체제를 확립할 수 있었다.

훗날 유재라가 유한재단 이사장으로 재직하게 되었다. 버클리대학교 출신으로서 주베트남 미군사령부와 주한 미8군 군속으로 근무한 경력이 있는 그녀는 아버지가 사망한 후 탄생한 사회공익법인 유한재단을 맡아 1977년부터 이사장을 지냈다. 그러나 창업주의 딸임에도 회사 경영에는 일절 간섭하지 않았고, 유한양행 비상근 이사 자리도 반납했다. 그녀는 미국에서 63세에 골수암으로 세상을 떠났다. 그녀의 유해가 고국으로 돌아왔을 때 유언장도 같이 공개됐는데, 자신이 평생 모은 유한양행 주식을 비롯한 전 재산 200억 원을 유한재단에 기증한다는 내용이었다.

유 박사의 동생 유순한도 그의 뜻을 온전히 받든 인물이었다. 그녀는 1986년 '부산 생명의 전화' 이사장으로 취임했을 당시 유한양행 주식 1만 주를 기증했다. '생명의 전화'는 전화 상담을 통해 사회봉사운동을 하는 사회복지법인이다. 유순한은 평양연합기독병원의 간호과를 나와 미국에서 간호학을 공부, 서울대·전남대·국립의료원 간호과장, 국립보건원 훈련부의 교육학과장을 지냈다. 대한간호사협회 보건간호사회 회장을 다섯 차례나 연임했으며, 우리나라에서 처음으로 플로렌스 나이팅게일 기장(記章)을 받기도 했다.

유유제약을 설립해 독자적인 길을 갔던 유일한 박사의 막냇동생 유특한 역시 유 박사의 정신에 감동해 타계하기 직전 재단을 만들어 사회 환원을 실천한 것으로 전해진다. 유 박사가 혈연의 친척들을 회사에서 내보낼 때 유특한은 유 박사를 상대로 소송을 걸었다. 소송의 내용은 '퇴직금 반환 소송'이었다. 퇴직금이 너무 많아 전액 반환하려고 소송을 걸었다는 것이다. 이 때문에 소송을 맡은 판사가 "세상에 이런 집안이 있나?"라고 놀랐다 한다.

유 박사와 그 가족 구성원들이 추구한 정도경영에 유한양행 직원들도 화답했다. 1997년 외환위기 당시 유한양행 직원 전원은 고통을 분담할 뜻을 먼저 제안했다. 유한양행 직원들은 매년 600퍼센트 이상 지급되던 상여금을 자발적으로 반납하는 한편 '30분 더 일하기 운동'을 전개했다. 2009년 금융위기 때에도 직원들이 자발적으로 임금동결을 제안한 것으로 알려졌다.

청년들이 사랑한 유한양행

유일한 가문은 한국 사회에서 털어서 먼지 하나 나오지 않는 흠집 없는 명문가로 꼽힌다. 그야말로 국민이 원하는 깨끗한 히어로이자 우상이다. 경영인으로서의 유 박사는 하나의 심벌로 꼽히며 그의 경영철학과 이념은 유한양행과 유한킴벌리 등의 회사 이미지에 투영되었다. 젊은 이들이 가고 싶은 곳으로 이들 회사를 손꼽는 이유도 이 때문이다.

유한양행은 회사 주식을 직원들에게 나눠주는 종업원지주제를 국내 최초로 시행했으며, 1998년과 2002년 두 차례에 걸쳐 국내 상장기업 및 제약업계 최초로 임원뿐만 아니라 전 직원에게 스톡옵션을 실시한 바 있다. 또 사회적 추세에 맞춰 임금피크제를 도입하고, 정년 연장도 실시했다.

현재 유한양행은 정년퇴직 대상자에게 퇴직일 직전 6개월간 유급 휴가를 부여하고 있으며, 대학생뿐만 아니라 의약학·치의약 전문대학원에 다니는 자녀까지 학비를 지원하고 있다. 더불어 임금피크제 시행으로 절약된 인건비를 신규 채용에 사용해 경제 불황 속에서도 고용을 늘리는 성과도 보였다.

유한킴벌리도 복지가 좋기로 소문나면서 젊은이들, 특히 여성 취업 준비생들에게 큰 인기를 끌고 있다. 유한킴벌리는 1990년대 초반부터 유연근무제와 평생학습시스템을 도입하고 결혼·출산·육아·은퇴 준비 등을 포함해 생애주기별 다양한 가족친화제도를 운영해왔다. 2000년대 들어 출산육아장려제도를 중점적으로 보완·개발했으며 2008년 정부로부터 가족친화 기업으로 인증받았다. 2010년에는 '일과 삶을 조화(Work & Life Harmony)'시킴으로써 삶의 질을 향상할 다양한 제도를 마련하고 있다.

유한양행은 2016년 6월, 창립 90주년을 맞았다. 이정희 유한양행 사장은 창립기념사를 통해 새로운 기업 비전을 천명했다.

"사회와 함께 성장하는 위대한 글로벌 기업으로 변화·발전하는 도전의 발걸음을 힘차게 내딛자."

요컨대 유한양행의 새 기업 비전은 '그레이트 유한, 글로벌 유한'이다. 혁신신약 개발과 신사업을 통한 이윤과 가치를 사회에 환원하고 나누며 공유하는 기업으로, 사회적 책임 실천에도 더욱 노력하겠다는 의미를 담고 있다. 유 박사가 떠난 뒤에도 유한양행은 창업주의 뜻을 이어 '사회와의 공존'이라는 기업가치를 온전히 실천하고 있다.

그레이트 유한, 글로벌 유한

유일한 박사가 던진 '세습의 시대' 속 작은 울림

최근 화두가 되는 것이 '부의 세습'이다. 가진 자는 부를 자손에게 물려주고, 자손은 이 부를 다시 후손에게 물려주며 부를 대물림한다. 부가 세습되는 동안 부의 지표인 부동산, 화폐, 주식 등의 가치도 함께 상승한다. 더불어 이들이 가진 부의 규모도 더욱 커지게 된다.

부의 세습에 이어 '경영 세습'도 이뤄지고 있다. 창업주가 자신의 자녀에게 회사를 물려주고, 자녀가 물려받은 회사를 이끌어나간다. 이는 특히 우리나라에서 많이 벌어지는 모습이다. 문제는 능력이 검증되지 않은 경영인에게 경영 세습이 이뤄지면서 회사가 어려움에 부닥치는 경우다. 이는 회사 구성원을 비롯해 국가경제에도 타격을 미친다. 오너의 잘못된 판단으로 회사가 위기에 처하면, 경영난 속에 구조조정이나 임금 삭감이 이뤄지게 된다. 노동자들은 지갑이 얇아지니 소비를 줄이게 되고, 자연히 시장경제 또한 위축된다. 더불어 국가 차원에서는 일자리 감소와 수출 감소에 따른 경기 악화를 우려해 기업에 공적자금을 투입한다. 국민의 세금이 개인 회사를 살리는 데 들어가는 것이다. 이로써 나라 곳간도 영향을 받아 복지 등 다른 곳에 쓰일 돈이 부족해진다. 확대해석하자면, 오너의 잘못된 경영 세습으로 경기 악순환이 벌어지는 것이다.

부의 세습, 경영 세습에 이어 '일자리 세습'도 문제다. 부모의 일자리를 자녀에게 물려주거나 청탁 등을 통해 자녀의 일자리를 찾아주는 것이다. 국내 모 대기업의 노조는 사 측과의 임금협상을 통해 노조원의 자녀를 회사에 채용하는 할당제를 시행하고 있다. 노조원들은 일평생 회사에 기여한 대가라고 얘기하지만, 취업난 속에서 입사지원서 쓰기에 바쁜 구직자들은 박탈감을 느낄 수밖에 없다. 열심히 자격증을 따고, 대외 활동 경력을 쌓고, 토익시험 점수를 따더라도 취업에 밀린 청춘은 슬프다. 이런 세습의 문제가 결국 '기회의 불평등'으로 이어지는 것 아닌가. 누구에게나 공정한 기회가 주어지는 것이 아니라 선별된 특정인들에게만 기회가 주어지는 불평등 현상이 초래되는 것이다. 경쟁에 도전할 기회조차 얻지 못한 이들은 아무런 힘도 못 써본 채 좌절감과 패배감을 맛봐야 한다.

유일한 박사의 삶은 '세습의 시대' 속에 살아가고 있는 우리에게 많은 바를 시사한다. 유 박사는 자녀에게 경영권을 세습하지 않았다. 경영을 잘하는 이가 회사를 이끌어야 한다는 생각에서였다. 물론 처음부터 자녀를 배제한 것은 아니다. 경영을 맡겨보고 검증을 거쳐 고민 끝에 내린 결정이었다.

경영 세습이 무조건 나쁜 것만은 아니다. 조직 내부 사정 및 창업주의 경영철학을 확실히 이해하고 있는 가족 구성원이 회사를 이어받아 리스크 없이 잘 이끌어갈 수도 있기 때문이다. 일부 기업의 경우 회사를 물려주고 싶어도 젊은 층이 기피하는 업종이라는 이유로, 혹은 자질을 갖춘 경영인을 찾을 수 없어서 가족에게 경영권을 물려주기도 한다. 중소기업의 가업 승계나 장인들의 기술 전수 등이 그 예다. 이런 경우 경영 세습은 오히려 긍정적으로 작용한다. 단, 모든 세습에는 합리적인 고민이 따라야 한다. 오너의 사적 욕심에서 경영 세습이 이뤄지는 것인지, 아니면 회사와 구성원과 주주를 위한 결정인지를 따져봐야 한다.

유 박사의 삶과 유한양행은 세습의 시대 속에 살아가고 있는 우리에게 '합리적인 세습이란 무엇인가?'라는 질문을 던진다.

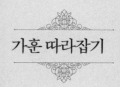

가훈 따라잡기

유일한 박사는 '정도'를 바탕으로 당장 눈앞의 이익보다는 좀 더 넓은 가치를 추구했던 인물이다. 재산의 사회 환원, 우리사주제 도입, 마약 성분을 약에 섞자는 유혹을 뿌리친 일, 전문 경영인 선임, 부의 세습 거부 등이 그 예다. 그의 삶을 보면, 존경받는 인물이 되겠다거나 국민으로부터 전폭적인 인기를 바라고 한 행동은 없었음을 알 수 있다. 항상 정직하고 성실하게 회사를 이끌어가고자 노력했으며, 이를 자신의 경영 인생과 개인 삶에서 가장 중요한 가치로 삼아 묵묵히 나아갔을 뿐이다. 단지, 대중의 인기와 존경은 그 결과로 이어졌다.

'정직'과 '성실'은 가장 흔하고 오래된 가훈이지만, 여전히 후손에게 물려주고 싶은 소중한 지침이다. 때로는 클래식한 표현이 화려한 수십 개의 단어보다 의미를 효율적으로 압축하기도 한다. 정직과 성실은 짧은 단어이지만 그 어떤 가치보다 파급력이 크다. 이는 한마디로 가훈의 정석과도 같은 중요한 가르침이다.

마쓰시타 고노스케 가문

사업은 사람이 전부다

자전거 가게 점원에서 파나소닉 주인으로

"생산자의 사명은 귀중한 생활 물자를 마치 수돗물처럼 무진장으로 공급하는 것이다."

이는 파나소닉 창업주 마쓰시타 고노스케의 경영철학이 깃든 말이다. 파나소닉은 현재 다소 주춤하지만, 소니와 함께 여전히 글로벌 시장에서 막강한 영향력을 보이는, 일본인들의 자부심이 담긴 기업이다. 파나소닉을 제대로 이해하기 위해서는 창업주의 삶을 살펴볼 필요가 있다.

마쓰시타는 이른바 '경영의 신'이다. 1894년에 태어나 1989년에 생을 마감할 때까지 마쓰시타전기를 세계적 기업으로 만든 전설적 인물로, 보잘것없는 학력과 지독한 가난을 딛고 중소기업을 글로벌 20대 기업 반열에 올려놓았다. 요즘 강조되는 '기업가 정신'을 품은 대표적 경영가인데, 부시 전 미국 대통령은 그를 "전 세계 사람들을 감동시킨 사람"이라고 평가하기도 했다.

마쓰시타의 삶과 철학을 이해하기 위해서는 우선 사훈에 주목해야 한다. 그가 가정보다는 회사를 통해 그의 철학을 전승시키고자 노력했기 때문이다.

그는 3남 5녀 중 막내로 태어났다. 그가 4세 무렵만 해도 집안은 넉넉했다. 그의 부친은 선조로부터 약 60만 8,264제곱미터(18만 4,000여 평)에 이르는 토지를 물려받았고, 소작인만 7명을 두고 있었다. 하지만 쌀 선물거래에 투자했다가 재산을 날리면서 가세가 기울었다. 결국 마쓰시타 가족은 저택에서 쫓겨나다시피 나와 작은 집으로 이주했다.

마쓰시타 가족의 불행은 여기서 끝나지 않았다. 18세이던 차남이 전염병으로 죽었고, 반년 후 차녀가 21세의 나이로 병사했다. 같은 해 갓취직하여 생계를 짊어지던 24세의 장남 역시 결핵에 걸려 요절했다. 이후에도 3녀, 4녀, 5녀가 차례로 유명을 달리했다. 마쓰시타와 함께 생존한 장녀도 46세의 나이로 사망했다. 가문의 기대는 유일한 아들인 마쓰시타에게 쏠릴 수밖에 없었다.

'위기'를 '기회'로

마쓰시타는 9세에 국민학교를 중퇴하고 일을 시작했다. 그가 처음 일을 시작한 곳은 화로를 제조하고 판매하는 상점이었다. 이후 자전거 점포를 거쳐 전기 회사인 오사카전등에서 일했다. 1917년 오사카전등을 그만두고 독립을 결심한 그는 당시 살고 있던 셋집을 개조해 마쓰시타전기기구제작소를 차렸다. 그의 사업은 우여곡절을 겪으며 점차 커졌고, 도쿄에도 진출하였다. 이후 1929년 그는 회사명을 '마쓰시타전기제작소'로 바꾸고 '견습점원제도'를 도입하여 직원을 늘려나갔다.

마쓰시타전기제작소의 첫 위기는 1923년 9월에 발생한 관동대지진이었다. 지진은 도쿄 지역의 판매에 직격탄을 날렸다. 도쿄에 갔던 그의 처남은 가까스로 살아남아 오사카로 돌아왔다. 그러나 그는 처남에게 도쿄로 다시 돌아가라고 지시했다.

"지금은 중요한 때이니까 도쿄로 가서 거래처를 다녀라. 외상금은 절반만 받고, 이제부터 파는 제품의 가격은 올리지 마라."

당시 마쓰시타의 지시는 이해하기 어려운 것이었다. 모든 게 무너져 폐허가 된 만큼, 도쿄의 물가는 폭등하고 있었다. 그런 상황에서 식료나 생필품 가격을 그대로 유지한다니! 그러나 처남 이우에는 거래처를 돌며 마쓰시타의 뜻을 전했다. 거래처 사람들은 고마워하며 이우에를 향해 몇 번이나 절했다고 한다. 이 소문은 도매상들 사이에 금방 퍼졌고, 도매상들이 현금을 들고 이우에를 찾아오면서 오사카 창고에 있던 재고가 모두 도쿄로 향했다.

관동대지진은 마쓰시타의 명성을 도쿄에 알리는 일대 계기가 됐다. 그는 1934년 오사카의 대형 태풍 피해로 인해 거래처들이 침울해할 때도 그들에게 거액의 위로금을 전달했다. 눈앞의 이익 추구 대신 오히려 손해를 택한 것이다. 그는 사회를 위해, 거래처를 위해 무엇을 할 것인지를 고민했고, 탁월한 안목으로 일본인들의 사랑을 받는 회사를 만들었다.

경영의 출발, '인재 중심'

두 번째 위기는 1929년 세계 대공황이 벌어지면서 찾아왔다. 대공황의 여파로 일본 경제도 어려워졌다. 마쓰시타전기 역시 매출이 50퍼센트가량 감소하고 재고 물량이 쌓여갔다. 회사 임원들은 위기 타개책으로 인력을 감축해야 한다고 부추겼다. 그러나 마쓰시타가 내놓은 해답은 의외였다.

"생산의 반감은 어쩔 수 없지만, 종업원은 단 한 명도 해고해서는 안 된다. 공장은 반나절만 돌리지만, 급료는 전액 지급한다."

그는 이 결정을 임원들한테 통보하면서 대신 조건을 붙였다. 사원은 휴일을 반납하고 재고량을 해소하는 데 전력을 기울여달라는 것이었다.

해고될까 봐 두려움에 떨던 직원들은 가슴을 쓸어내리고 휴일도 잊은 채 재고 판매에 몰두했다. 그의 종업원 유지정책 발표 이후 2개월 만에 재고 물량은 모두 사라지고, 공장은 정상 가동에 들어갔다. 파나소닉의 인재 중심 경영의 출발이었다.

마쓰시타는 종업원 28명으로 구성된 '보일회'라는 조직을 만들어 운영했다. 보일회는 사주와 종업원이 허물없는 의사소통을 하는 창구 역할을 했다. 마쓰시타는 보일회를 통해 가족 같은 회사, 단합된 회사를 만들고자 했다. 대공황 당시 그가 선언했던 '종업원 해고 불가' 선언도 보일회를 통한 노사 간의 소통이 있었던 덕분이다.

마쓰시타의 인재 중심 경영은 훗날 그에게 커다란 도움을 제공했다. 1946년 일본 GHQ(연합군총사령부)는 선박·비행기 제작에 참여한 마쓰시타의 이력을 문제 삼아 그를 재벌가족으로 지정했고, 공직 추방 조치를 내렸다. 재벌 지정 이후 사생활까지 엄격한 제한이 가해졌다. 그는 집에 생활비를 가져다주는 것까지 GHQ의 허가를 받아야 했고, 그의 전 재산은 동결되었다.

마쓰시타가 실의에 빠져 있을 때 그를 구한 건 마쓰시타전기의 노동조합이었다. 노조는 사주 구명 활동에 발 벗고 나서며 당시 대다수 노조가 경영자 추방을 외치던 것과는 대조되는 행보를 보였다. 노조는 GHQ에 탄원서를 내기로 하고 서명운동에 들어갔다. 당시 조합원의 93퍼센트가 서명한 것으로 알려졌다. 노조는 두 차례에 걸쳐 서명운동을 전개했고, GHQ 고위 관료 등을 찾아다니며 사주 구명 활동을 벌였다. 노조가 사주를 구명하는 데 앞장서는 드문 일이 벌어지면서 언론은 이를 앞다퉈 보도했고, 마침내 그는 1947년 5월 공직 추방 대상에서 해제됐다.

마쓰시타 고노스케, 신화가 시작되다

마쓰시타전기가 전기 회사에서 전자 회사로 거듭날 수 있었던 것은 우리의 가슴 아픈 역사인 한국전쟁 덕분이었다. 대공황 이후에도 판매 부진을 겪던 마쓰시타전기는 한국전쟁에 개입한 미국의 물자 수요가 증가하면서 회생할 수 있었다. 이후 마쓰시타는 미국이라는 거대 시장을 두고 전자사업으로의 탈바꿈과 글로벌화를 고민하기 시작했다.

한국전쟁이 마쓰시타전기의 외형적 성장을 견인시키는 계기가 됐다면, 필립스와의 제휴는 기술력을 끌어올리는 터닝 포인트가 됐다. 마쓰시타는 미국을 방문한 뒤 전자 부문의 첨단 기술을 직접 체험하고, 기술 도입의 필요성을 절감한다. 이후 필립스와의 기술제휴를 통해 1952년 합작 회사인 마쓰시타전자공업을 탄생시킨다. 초기에는 브라운관, 진공관 등의 제품을 생산하다가 필립스와의 협력으로 전자산업 기술 기반을 확보한 뒤 텔레비전을 내놓았다. 이어 믹서, 전자레인지, 전기냉장고, 무선마이크를 선보였다.

1950년대 중반에는 가정용 펌프, 공업용 수상기, 전기밥솥, 전기청소기, 전기담요 등의 신제품을 잇달아 출시했다. 1960년에는 TV 생산 누적 대수가 100만대를 돌파하며 업계 1위를 기록했다. 1953년 미국법인 설립을 시작으로 세계 각국에 마쓰시타전기의 현지법인이 설립되면서 그의 경영 신화가 빛을 발했다.

우리가 익히 알고 있는 파나소닉이라는 명칭도 이때부터 사용되었다. 마쓰시타전기는 내쇼날, 파나소닉, 테크닉스, 퀘이사 등 네 가지 브랜드를 가지고 있었다. 이 중 내쇼날은 마쓰시타 고노스케가 직접 창안한 브랜드다. 그가 어느 날 신문을 읽다가 '인터내쇼날'이라는 단어를 발견했다고 한다. 단어가 마음에 들어 사전을 찾다가 '국제적'이라는 의미를 내포하고 있음을 알게 됐고, 단어가 길게 느껴져 접두사를 뗀 '내쇼날'을 브랜드로 결정했다는 것이다. 내쇼날은 각형 램프에 처음 사용된 이후 가전제품, 가정용 전기 시스템, 조명기기, 공조·설비기기 등에 사용됐다.

유명 브랜드 파나소닉은 원래 미국 수출용 스피커에 붙여진 것이었다. 일본에서는 영상·음향기기, 정보통신기기, 자동차 내장용기기, 반도체, 전자부품 등으로 적용 범위가 국한됐다가 2003년부터 글로벌 브랜드를 파나소닉으로 통일했다. 테크닉스는 국내용 고급 스피커에 처음 사용된 브랜드였고, 퀘이사는 마쓰시타가 모토로라로부터 가전기기 사업 부문을 인수하면서 부대조건으로 모토로라의 컬러 TV 상표를 이어받은 것이었다.

생산자의 사명, '수도철학'이 탄생하다

오늘날까지 이어지는 파나소닉의 경영철학은 1930년대에 정립됐다. 마쓰시타전기의 창립기념일은 두 번으로 지정되어 있는데, 하나는 마쓰시타가 처음으로 회사를 차린 1918년 3월 7일이고, 다른 하나는 1932년 5월 5일이다. 실제 창업일보다 7년이 지나서 창업기념일이 탄생한 배경은 그의 '수도철학'과 관련이 깊다.

거래선을 만나고 돌아오던 길에, 마쓰시타는 수레를 끌고 가던 한 노동자가 집 앞 우물에서 물 마시는 것을 목격했다. 당시 물은 돈으로 사서 마시는 것이 아니고, 수도를 틀면 어느 곳에서나 나오는 것이었다. 그는 기업의 사명이 무엇인가 고민하던 끝에 수돗물처럼 값싼 제품을 무궁무진하게 공급해 사람들에게 행복을 줘야 한다는 결론에 이르렀다. 이른바 '수도철학'이 탄생한 순간이다.

마쓰시타는 창업기념식 때 다음과 같이 강조했다.

"생산자의 사명은 귀중한 생활 물자를 마치 수돗물처럼 무진장으로 공급하는 것! 제아무리 귀중한 물건이라 할지라도 많은 양을 공급해서 거의 공짜에 가까운 가격으로 제공하는 것입니다. 그렇게 해야만 가난을 극복할 수 있습니다."

이것이 파나소닉의 사훈이자 마쓰시타 고노스케가 후대에 물려주고자 한 경영가치였다. 오늘날 기업 대부분이 최고의 가치로 삼는 '인재경영', '고객만족'이 이미 그의 머릿속에서 시작된 것이다.

마쓰시타의 수도철학은 소니와의 비디오 규격방식 전쟁 승리 일화에도 잘 묻어 있다. 1970년대 후반 소니와 일본 빅터(JVC) 사이에서는 가정용 비디오 기술방식을 놓고 전쟁이 벌어졌다. 당시 소니의 베타방식은 화질도 좋고 카세트가 작다는 장점이 있어서 상당히 유리해 보였다.

그러나 마쓰시타는 "소니의 것은 백 점, JVC의 것은 이백 점이다"라고 평가했다. 그 이유는 단순했다. 소니의 베타맥스는 녹화 시간이 60분인 데 반하여 JVC의 VHS는 120분이라는 점, 소니의 제품은 20킬로그램으로 JVC의 13킬로그램에 비해 7킬로그램이나 무겁다는 점이 이유였다. 고객이 제품을 사서 바로 집으로 가져갈 수 있느냐 없느냐에 따라 매출이 10배 차이가 날 수 있다는 게 그의 생각이었다.

결국, 마쓰시타전기를 비롯한 일본 다수 기업이 JVC 진영의 VHS 규격에 몰렸고, VHS방식이 세계 규격이 되며 마쓰시타전기는 소니와의 전쟁에서 승리하였다. 즉, 소비자가 제품을 구매하는 데에서 무엇을 더 편리하게 생각하는지를 꼼꼼히 검토한 마쓰시타의 승리였다. 제품의 판매가 늘어 대량생산 체제가 실현되고, 규모의 경제에 따라 소비자가 구매할 수 있는 합리적인 제품 가격이 형성되어야 한다는 그의 철학이 사업 성공으로까지 이어진 것이다.

혈연보다 능력 중심

경영권 승계 문제에서도 마쓰시타는 남달랐다. 그에게는 1남 1녀가 있었지만, 장남은 수막염으로 일찍 세상을 떠났다. 딸이 성년이 되자, 그는 가업 승계를 위해 딸의 결혼 상대자를 찾는 데 심혈을 기울였고, 히라타 백작 가문의 차남을 사위로 맞아들였다.

그러나 1977년 자신은 회장직으로써 뒤로 물러나고 새로운 사장직에 사위가 아닌 야마시다 조시히코 이사를 임명했다. 야마시다는 마쓰시타전기의 임원 26명 중 서열 25위로, 고졸 출신이었다. 언론을 비롯한 모든 이가 학력, 서열을 파괴한 마쓰시타의 인사에 놀랐다. 사위가 아닌 야마시다를 사장 자리에 앉힌 이유로 조직의 혁신이 필요하다는 판단 때문이라는 얘기가 나왔다. 당시 마쓰시타전기는 성장 속도가 둔화되는 시점에 있었는데, 매너리즘에 빠진 조직을 혁신하기 위해 야마시다를 해결사로 중용했다는 것이다. 이후 야마시다는 마쓰시타의 선택이 옳았음을 증명하듯 파나소닉의 개혁을 이끌었고, 다양한 경영 성과를 냈다.

마쓰시타의 인재경영과 기업경영의 철학은 회사 곳곳에 깃들어 있다. 혁신, 선견지명, 인물 중심, 능력 중심이라는 경영 키워드들은 지금도 글로벌 기업이 자주 사용하는 단어이다. 물론 이를 지켜나가기란 실상 쉽지 않긴 하다. 여하튼 이러한 마쓰시타의 철학에 동의하는 직원이 없었다면 수십 년간 이어지기 어려웠을 것이다. 야마시다는 10년간 사장 자리를 지켰고, 이후 마쓰시타전기의 경영권은 전문 경영인에 의해 계승되고 있다. 마쓰시타는 이미 세상을 떠났지만, 그가 세운 파나소닉은 세상에 남았다.

충격적이기까지 한 '인재경영 실험'

마쓰시타는 대공황과 제2차 세계대전의 혼란 등 격변의 시기 속에서 세계적인 기업 파나소닉을 만들어냈다. 그 과정에서 그가 행한 기업가로서의 일부 행동은 비난받기도 했다. 대량생산, 대량소비 시대에 뒤떨어진 경영방식이라는 평가도 나온다. 그가 완벽한 경영인이 아니었음은 분명하다. 빈틈도 많았으나 그가 추구한 인재 중심의 경영철학은 오늘날 보기에도 꽤 파격적이고 진보적이다.

그 대표적인 사례가 주5일 근무제 도입과 임금 5개년 계획 시행이다. 마쓰시타는 1960년 1월 경영방침 발표회에서 1965년부터 일본 최초로 주5일제를 도입하겠다고 선언했다. 그럼에도 6일제 회사와 동등한 수준의 임금을 유지하겠다는 것이 그의 소신이었다. 산업계의 특성상 생산기업은 가동률에 경영이 일희일비할 수밖에 없다. 당시 생산 가동률이 최고조에 달하는 고도성장 시기의 중심에 있었다는 점을 고려하면 주5일제 선언은 파격적이다. 게다가 임금은 그대로 유지한다고 하니 회사의 경쟁력에 의문을 품는 사람이 많았다. 노조 역시 노동시간이 17퍼센트 단축되는데도 급여와 수당이 그대로 유지된다는 것을 믿지 않는 분위기였다고 한다.

3년 뒤 마쓰시타는 '임금 5개년 계획'을 실시해 종업원의 임금을 대폭 인상하겠다는 발표를 해 또다시 일본 경제계를 놀라게 했다. 임금을 높이는 만큼 생산성이 높아질 것이라는 확신이 있었던 그였다. 임금 5개년 계획이 시작된 지 4년이 지난 1971년, 마쓰시타전기의 종업원 임금은 당시 유럽에서 가장 높았던 독일과 비슷한 수준까지 올라갔고 5년째에는 미국의 평균치에 근접했다. 우수한 인력들이 마쓰시타전기에 관심을 둔 것은 물론이었다. 또한 마쓰시타전기는 노동자들이 선망하는 회사로 발돋움했다.

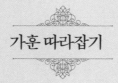

가훈 따라잡기

사람 중심의 경영은 마쓰시타의 철학이었다. 시대를 앞선 노동정책으로 노사 화합을 도모했으며, 소비자의 입장에서 합리적인 가격에 합리적인 품질을 갖춘 제품을 생산하고자 노력했다. 많은 경영인이 그렇듯 인재 중심, 사람 중심의 경영은 기업이 추구하는 높은 가치이자 최종 목표이기도 하다. 그러나 사업 효율성 등을 이유로 쉽게 지키기 어려운 경영철학이기도 하다.

사람 중심의 가치는 가훈에 적용해도 좋다. 결국, 가족은 가족 구성원 모두의 행복을 위해 존재하는 울타리다. 가족 구성원들이 행복하면 가정은 저절로 화목해진다. 전체주의는 집단이 효율적으로 움직이는 원동력이 되기도 하지만, 개인의 자율성을 잃게 할 우려도 있다. 혹시 행복한 가정을 만든다는 목표 아래 가족 구성원의 자율성을 무시하고 있지는 않은지, 전체를 위한 개인의 희생을 강요하고 있지는 않은지 돌아보자. '사람이 먼저다'라는 가치는 기업뿐만 아니라 가정 등 사람이 있는 모든 곳에 적용되는 원칙이다.

경주 최부자 가문

굶어 죽는 이가 없게 하라

100년을 향한 도전, 명문가의 자세

2015년 11월, 경상북도 성주군에 대한민국의 명문가로 불리는 종갓집 인사들이 한곳에 모였다. 바로 제8회 '종가포럼'이 열린 것. 포럼 주제는 '종가의 가훈, 선조의 가르침을 받들다'였다. 이날 포럼에서 각계 인사들은 가문의 정신적 대들보인 가훈의 중요성에 대해 입을 모았다. 칼럼니스트 조용헌 박사는 "한국의 명문가가 수백 년 동안 유지될 수 있었던 것은 그들 집안에서만 대물림되는 정신적 가치, 즉 가훈 덕분이었다"라고 말했다.

가훈이란 조상들이 그 후손들의 행복한 삶을 위해 인생에서 터득한 지혜와 가치관을 담은 가르침이다. 한마디로 가정교육의 주제인 것이다. 가훈은 후손에게 나아가야 할 하나의 목표를 제시해준다는 점에서 매우 중요하다.

오래전부터 세상을 선도해온 서구 명문가들에 못지않은 우리나라의 대표적 명가가 있으니, 바로 경주 최부자 가문이다. 이 가문은 부와 노블레스 오블리주를 갖춘 덕망 있는 집안으로서 존경을 받아왔다.

경주 최부자 가문은 부의 세습과 사회 환원을 모범적으로 실천한 집안으로 유명하다. 최부자 가문은 통일신라 때의 천재 학자 최치원이 시조이며, 가문을 일으킨 이는 최치원의 17대손 최진립이다. 최진립은 임진왜란과 정유재란 때 의병을 조직해 싸운 무장 출신으로 명망이 높았으나, 무관으로는 드물게 이재에도 뛰어나 300년 이상을 지탱한 최부자 가문의 기틀을 다졌다. 최부자 가문이 이룩한 만석의 부는 요즘 시세로 약 85억 원에 해당하는 것으로 추정된다. 쌀 한 가마니인 1석은 요즘 시세에 비해 5배 정도의 가치가 있었다고 한다. 요즘 쌀값이 다소 떨어졌다고는 하지만, 만석의 수익을 지금 화폐로 계산하면 매년 수십억 원의 순수익이 생겼고, 이를 전체적으로 따져보면 최소 수천억 원에 이르는 재산을 보유하고 있었던 것으로 추정된다.

3대 부자가 없다는데, 경주 최부자 집안은 300년 동안 만석꾼 부자로 살아왔다. 18-19세기의 근대화 과정과 일제 침략, 남북 분단에 이르는 근대사의 험한 격랑 속에서도 오랫동안 부를 유지하기란 결코 쉽지 않았으리라. 그 배경에는 여섯 가지의 가훈, 즉 육훈(六訓)이 있었다.

첫째, 과거를 보되 진사 이상의 벼슬은 하지 마라.

둘째, 만석 이상의 재산은 사회에 환원하라.

셋째, 흉년기에는 땅을 사지 마라.

넷째, 과객을 후하게 대접하라.

다섯째, 주변 100리에 굶어 죽는 사람이 없게 하라.

여섯째, 시집온 며느리들은 3년간 무명옷을 입어라.

육훈을 바탕으로 너무 욕심 부리지 말고 이웃을 사랑하며 늘 근검절약하게 살라는 정신을 후대에 심어주었기 때문에 존경받는 3대 부자요, 명문가로서의 명성을 이어갈 수 있었다.

최부자 가문에는 여섯 가지 수신(修身)을 일컫는 '육연(六然)'도 있었다. 자처초연(自處超然, 혼자 있을 때 초연하게 지내라), 대인애연(對人靄然, 다른 사람을 온화하게 대하라), 무사징연(無事澄然, 일이 없을 때는 맑게 지내라), 유사감연(有事敢然, 유사시에는 과감하게 대처하라), 득의담연(得意淡然, 뜻을 얻었을 때 담담히 행동하라), 실의태연(失意泰然, 실의에 빠져도 태연히 행동하라) 등이다.

최부자 가문은 육훈 중 세 번째 가르침인 '주변 100리에 굶어 죽는 사람이 없게 하라'를 철저하게 따랐다. 조선 숙종 때인 1671년, 당시 남부에 큰 흉년이 들어 백성들이 기근에 시달렸다. 가만히 놔두면 굶어 죽을 사람이 널릴 정도로 심각한 상황이었다. 최부자 가문의 3대인 최국선은 평소 아버지와 할아버지가 강조한 '가문 주변에 굶어 죽는 사람이

절대 없도록 하라'는 가르침을 떠올렸다. 그는 하인들에게 "이대로 가다
가는 다 굶어죽는다. 다 죽어버리면 우리 집 농사는 누가 지을 것이며,
또 내가 혼자 재물을 다 가지고 있어 뭘 하겠는가"라며 곳간 문을 열라
고 지시한다. 최부자 집 바깥마당에는 굶주린 백성들에게 먹을 것을 끓
여주기 위해 대형 가마솥이 내걸렸다. 솥은 이때부터 무려 100일 동안
이나 걸려 있었다고 한다.

또 최국선은 그동안 돈이나 쌀을 빌려주고 받은 담보 문서를 모조리
태워 없앴다. 돈 있는 사람은 담보 없이도 갚을 것이지만, 돈 없는 사람
은 아무리 노력해도 갚을 수 없으므로 담보 문서가 필요 없다고 생각한
것이다. 이후 최부자 가문의 베풂은 20세기 초반까지 매년 연례행사처
럼 이어졌다. 흉년이 극심할 때에는 경상북도 인구의 약 10퍼센트에 이
르는 엄청난 수의 백성들을 구제했다.

최부자 가문은 육훈의 두 번째 원칙인 '만석 이상의 재산은 사회에
환원하라'는 가르침도 중시했다. 그 덕분에 최부자 가문의 밭과 논이 늘
어날 때마다 그 지방 농민들은 배 아파하기는커녕 오히려 손뼉을 쳤다.
최부자 가문의 밭과 논이 늘어날수록 농민들에게 돌아오는 이익도 많
았기 때문이다.

'흉년기에는 땅을 사지 마라'는 가르침도 최부자 가문의 철학을 고스
란히 보여준다. 타인의 불행을 빌미로 부를 축적하는 일을 하지 않는다
는 원칙인 것이다. 부를 갖춘 서양의 가문을 보면 대개 전쟁과 경제 불
황 등 혼란 시기에 과감한 투자로써 부를 축적한 경우가 많다. 예컨대

로스차일드 가문의 나탄은 영국과 프랑스가 벌인 워털루 전쟁에서 정보를 활용해 주식을 사고팔아 막대한 부를 거머쥐었다. 이 과정에서 손실을 본 투자자들이 발생한 것은 물론이다. 셈이 빠른 일부 유대인은 과거 세계 경제 불황기에 고금리로 돈을 빌려주고 이자를 받아 부를 축적하기도 했다. 물론 위기를 기회로 살린 현명한 투자와 판단이었지만, 당시의 사회적 고통을 분담하지 않고 눈앞의 이익에만 매달렸다는 비판이 나오는 것도 사실이다.

이에 반해 최부자 가문은 굉장히 인도주의적 관점에서 부를 축적했다. 이는 훗날 새로운 형태로 가문의 가치를 높였다. 오늘날 글로벌 대기업들은 사회적 환원과 후원 등을 통해 기업의 이미지를 높이고자 한다. 이는 회사와 제품에 대한 긍정적인 브랜드 이미지로 이어지고, 소비자의 제품 구매로까지 연결되기 때문이다. 기업들은 브랜드 평판, 브랜드 가치 순위 등을 발표하며 이를 금액으로 환산하기도 한다. 당시 최부자 가문이 브랜드 가치 등을 계산하진 않았겠지만, 순수하게 행한 가문의 지침이 재산 이상의 커다란 가치로 이어진 셈이다.

최부자 가문의 사회 환원 노력은 훗날 가문이 위기에 빠졌을 때 큰 도움으로 되돌아왔다. 국운이 빠르게 기울어가던 19세기 말과 20세기 초, 곳곳에서 민란이 우후죽순 격으로 일어났다. 재물을 갖춘 부자들은 일부 죽거나 재물을 강탈당하는 수난을 당해야 했다. 그러나 최부자 가문은 한 번도 피해를 보지 않았다. 동학혁명이 일어났을 때도 그들 집안은 무사했다. 300년 가까이 베풂을 실천하며 좋은 평판을 쌓은 덕분이었다.

최부자 가문의 존경스러움은 역대 선조들의 호(號)를 통해서도 엿볼수 있다. '대우헌(大愚軒)'은 '크게 어리석다'는 뜻으로, 9대 최세린의 호였다. '둔차(鈍次)'는 '재주가 둔하다'는 뜻으로, 12대 마지막 부자인 최준의 부친 최현식의 호다. 이처럼 경주 최부자 가문은 역대 선조의 호를통해 부자이지만 '겸손'해야 함을 강조했다.

독립운동의 숨은 공신 최준

최준을 이야기하기에 앞서 그의 부친인 11대 최현식을 거론하지 않을수 없다. 구한말 시대 일제에 저항하기 위해 일으킨 의병 수백 명을 이끌고 최익현이 최부자 가문을 찾았는데, 위험을 무릅쓰고 흔쾌히 받아들였던 것이 최현식이다. 이때 상당한 군자금까지 건네주었다고 한다. 또 경북 영덕 출신의 유명 의병장 신돌석이 신식 무기로 무장한 최정예 일본 경찰과의 전투에서 패한 뒤 전국을 떠돌다가 교동을 찾았을 때도 서슴지 않고 보호해줬다.

국가의 주권이 일본 제국주의에 넘어간 1910년 최현식은 고심했다. 독립운동에 적극 헌신할지, 가문을 지킬지를 놓고 고민에 빠진 것. 그는 아들 최준을 불러 "나라가 망했다. 너는 이런 상황에서 우리 집안이 어떻게 해야 한다고 생각하느냐?"라고 물었다. 이에 최준은 "당연히 나라를 되찾는 데 온 집안의 힘을 기울여야 한다고 봅니다"라고 답했고, 최현식은 "그렇다, 네 말이 맞다. 그 일을 네가 해라"라고 말했다. 최현식은 새 술은 새 부대에 담아야 한다며 최준에게 모든 것을 물려주었다. 26세 때 가문의 살림을 물려받은 최준은 두 동생 최윤, 최완과 상의한 끝에 가문의 재산을 조국 광복을 위해 쓰겠노라 결단했다.

최준이 광복을 위해 애쓰기로 한 이후 가장 먼저 한 일은 1915년 초에 조직된 전국적 독립운동단체 조선국권회복단을 돕는 것이었다. 그는 영남의 대지주로서 후원자들 중 가장 많은 지원금을 내며 이 단체의 경주 책임자를 맡았다.

최준은 또 교촌 고택 사랑채에서 백산(白山) 안희제와 함께 '백산상회'라는 곡물상 설립을 결의하고 대표에 취임해 은밀히 독립운동자금을 지원했다. 안희제는 최준보다 한 살 아래로, 중국에서 독립운동을 하다가 1914년 영남 지역 민족 자본가들을 규합해 부산에 조선 최초의 무역 회사인 '백산상회'를 설립했다. 백산상회는 외적으로는 곡물상이었지만 실제로는 독립운동가들에게 자금을 제공하는 비밀 아지트였다. 최준은 백산상회가 백산무역으로 확대 개편된 1919년부터 사장 겸 지배인을 맡으면서 독립운동에 더 깊게 발을 들였다.

백산무역은 국내 최대 무역 회사였지만 독립운동자금을 지원하는 탓에 늘 적자에 허덕였다. 최준은 주주들의 자본을 계속 끌어들이는 방법으로 적자를 메워갔지만, 이 역시 한계가 있었다. 적자로 인한 회사 부채는 상당했고, 문을 닫을 위기에 처하면서 최준의 고민은 깊어졌다. 백산무역이 문을 닫는다면 독립운동자금도 끊길 수밖에 없었기 때문이다.

설상가상으로 일본 경찰은 백산무역의 매출이 상당한데도 항상 적자에 허덕이는 상황을 수상하게 여겨 최준을 미행하고 감시했다. 최준은 일본의 의심을 피하면서 회사를 살리기 위해 고의 부도를 내기로 결심했다. 일본 은행을 이용하면 일본 경찰의 의심을 피할 수 있을 것이라는 판단이었다. 회사가 부도나자 거래하던 일본계 식산은행과 경남합동은행은 부실경영에 대한 책임을 물어 최준의 개인 자산을 압류했다. 일본 경찰도 일본계 은행이 개입하는 것을 확인한 뒤에야 최준의 뒷조사를 그만뒀다. 그러나 최준의 계획은 뜻대로 풀리지만은 않았다. 식산은행의 총재가 총독의 지시를 받고 최준의 약점을 잡기 위해 기다리고 있던 것이다.

"총재, 내 재산은 식산은행에서 압류했고, 그 정도면 충분한 담보가 될 것이오. 그러나 나는 돈이 더 필요하오. 백산무역을 살려야겠으니 돈을 좀 빌려주시오."

급작스레 찾아와 요청한 최준에게 총재가 제안했다.

"좋소. 백산무역의 빚 반을 탕감해주고, 또 칠십만 원도 대출해주겠소. 단, 부탁이 있소. 이는 총독 각하의 배려로 내려진 결정이니, 중추원 참의를 맡아주시오."

중추원은 친일파의 소굴이자 총독부의 자문기관이었다. 최준은 이를 단호하게 거절했고, 이로 인해 총독부로부터 끊임없는 회유와 압박을 받았다. 이 협박과 회유는 10년이나 이어졌다. 최준의 고민을 들은 최윤은 형을 대신해 중추원 참의를 하겠노라 결심했다. 당시 일본 입장에서는 조선에서 존경받는 집안인 최부자 가문에서 친일파가 나와주기를 바랐다. 이는 상징적으로 조선의 독립운동 의지를 꺾으며 효과적으로 선전하는 방법이었기 때문이다.

그렇게 최부자 가문의 12대 형제 운명은 갈리게 된다. 형 최준은 독립운동으로 나아갔지만, 동생 최윤은 친일파의 길로 들어선 것이다. 훗날 최준은 동생의 명예를 되찾기 위해 애쓴다. 해방 후 친일파 단죄를 위해 구성된 특별검찰 반민특위는 동생을 변호하기 위해 백방으로 뛰어다닌 최준의 입장을 고려해 최윤을 재판 회부 전에 석방했다. 최윤이 참의로 있는 동안 특별히 문제될 만한 반민족 행위를 거의 하지 않았다는 점도 참작되었다.

최준은 대한민국임시정부의 주석 백범(白凡) 김구에게도 거액의 군자금을 보내는 등 독립운동사에 빛나는 공적을 남겼다. 해방 직후인 1946년 서울 경교장에서 최준은 백범 김구와 처음으로 만난다. 그동안 서로에 대해 알기는 했지만, 직접 만난 것은 처음이었다. 김구는 최준에게 고맙다는 인사를 전하며 거액의 독립운동자금을 낸 기록장을 보여 줬다. 최준은 안희제를 통해 임시정부에 보낸 자금이 반만이라도 전달됐다면 다행일 것이라고 생각했다. 그런데 안희제에게 전달한 자금 전체가 온전히 전달된 것을 보고 감명받아 경교장을 나오자마자 바로 안희제의 무덤 쪽을 향해 선 채 대성통곡했다고 한다.

최준은 이 밖에 민족혼을 일깨우기 위해 문화사업에도 관심을 기울여 1920년 경주고적보존회를 설립하고 1932년 정인보 등과《동경통지》를 편찬하는 등 신라문화의 유산을 널리 알리는 데 크게 기여했다. 해방 직후에는 나라를 이끌어나갈 인재를 길러야 한다며 모든 재산과 1만여 권에 이르는 장서를 기증해 대구대학을 설립했다. 이는 오늘의 영남대학교 전신이다. 정부는 최준의 공적을 기려 1990년에 건국훈장 애족장을 추서했다.

존경받는 부자 만석꾼의 신화는 역사 속으로 사라졌으나 경주 최부자 가문의 정신은 이어지고 있다. 최준의 증손자 15대 최성길은 법조인으로, 방계 일족 수백여 명의 자손들은 각계각층에서 가문의 가르침과 지침을 지켜오는 것으로 알려져 있다.

최부자 가문의 얼이 숨 쉬는 곳 경주 교동 최씨 고택

경주 교촌은 신라 신문왕 2년(682년)에 설립된 한반도 최초의 국립대학 국학이 있던 곳이다. 신라의 국학은 고려 시대에는 향학, 조선 시대에는 향교로 이어졌다. 마을 이름이 '교동', '교촌', '교리' 등으로 불린 것은 향교가 있어서이다.

경주 교촌에는 참다운 부자의 모습을 보여준 최부자 가문의 고택이 있다. 경주 최부자 가문은 가난한 이웃을 도우며 한국의 노블레스 오블리주를 실천했다는 평가를 받고 있다.

경주 교동 최씨 고택은 경주 최씨의 종가로 1700년경에 건립되었다고 한다. 월성을 끼고 흐르는 남천 옆 양지바른 곳에 자리 잡은 고택은 조선 시대 양반집의 원형을 잘 보존하고 있어 그 가치가 높다. 1만여 평의 후원이 딸린 대저택에 노비 100명까지 살았다는 기록은 최부자 가문의 엄청난 부를 짐작케 한다.

최씨 고택은 건축 당시 향교 유림의 반대를 수용해 향교보다 두 계단 낮게 터를 깎아내고 지었다. 사랑채에는 수많은 손님이 머물렀으며 흉년이면 굶주린 백성을 위해 곳간을 열었다. 이 넓은 집안 구석구석 빛바랜 곳마다 노블레스 오블리주를 실천했던 최부자 가문의 흔적을 느낄 수 있다.

최씨 고택의 첫 얼굴인 솟을대문은 화려하지 않으며 수수하고 평범하다. 일반적인 솟을대문보다 낮게 지었다고 한다. 큰 사랑채는 지난 2006년 복원했다. 구한말 의병장 신돌석, 면암 최익현, 스웨덴의 구스타프 국왕(당시 왕세자), 의친왕 이강공 등 당대의 내로라하는 손님이 머물렀다. 불에 탄 작은 사랑채 터는 주춧돌만 흩어져 있다. 이 주춧돌은 집을 지을 당시 반월성에 있던 왕궁 기둥을 받치던 돌들을 옮겨놓은 것으로, 최씨 고택의 명성과 품격을 드러낸다.

곳간은 최씨 고택에서 가장 눈여겨볼 창고다. 현존하는 목재 곳간 중 가장 크고 오래된 것으로 전해진다. 정면 5칸, 측면 2칸의 전통 한옥으로 그 부를 짐작할 수 있는 건물이다. 쌀 700-800석을 보관할 수 있었다고 한다. 'ㅁ'자 형태로 지어진 안채는 원래 8채 99칸 규모였으나 현재는 3채만 남아 있다.

최씨 고택 옆에는 경주 교동법주가 자리 잡고 있다. 교동법주는 최부잣집에 350여 년간 전해오는 '비주(秘酒)'이다. 이는 궁중에서 유래된 전통 찹쌀청주인데, 조선 숙종 때 사옹원(司饔院, 궁중 음식을 맡아본 관청)에서 참봉을 지낸 최국선이 귀향하여 처음 빚었다. 현재 교동법주의 기능 보유자는 인간문화재 최경인데, 그는 최국선의 10대손이다.

최부자 가문에 대한 최소한의 예의

우리 사회는 희생에 대한 가치 평가와 인식이 부족한 편이다. 광복을 위해 애썼던 선조들의 후손이 가난 속에 살거나 기초생활수급비로 삶을 연명하고 있다는 기사가 심심치 않게 보도되곤 한다. 반면, 친일파의 후손들은 선조가 남긴 막대한 부동산과 자산을 바탕으로 호의호식하며 살아가고 있다는 보도도 나온다. 제때 청산하지 못한 역사에서 비롯된 일이지만, 이를 차치하더라도 독립유공자 후손들에 대한 대우와 인식은 대단히 야박하다. 국가의 지원과 정책에서도 그렇거니와 국민이 나라를 위해 애쓰신 분들에 대해 느끼는 고마운 감정도 그렇다.

경주 최부자 가문에 대한 역사적 가치도 과소평가된 면이 많다. 최부자 가문은 집안의 특정 인물 한 사람이 업적을 쌓은 것이 아니라 여러 대에 걸쳐 후손들이 선조의 뜻을 받들어 나라와 국민을 위해 애썼던 명문가이다. 그러나 이에 대한 우리의 대우는 어떤가.

예컨대 최준이 설립한 영남대학의 전신인 대구대학은 정치권과 재계에 휘둘리며 각종 사학비리로 몸살을 앓았다. 이 때문에 설립자의 뜻도

퇴색되었다. 대대손손 풍요롭게 누릴 수 있는 부를 갖춘 집안이었지만, 가난한 백성과 나라의 독립을 위해, 후대 양성을 위해 어김없이 사재를 출연했던 가문이다. 후손들에게 선조의 노고를 위로하는 혜택을 주지는 못할지라도 이 가문의 사회 환원 흔적에 먹칠은 하지 말아야 한다. 경주 최부자 가문의 고귀한 뜻을 이어가는 것, 나라를 위해 여러 대에 걸쳐 애쓴 이 가문에 대한 최소한의 예의 아닐까.

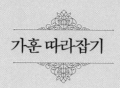

가훈 따라잡기

경주 최부자 가문은 우리나라 근현대사에서 보기 드물게 노블레스 오블리주를 온전히 실천했다고 평가받는다. 앞서 스웨덴의 발렌베리 가문을 교훈 삼아 '존경받는 삶을 살자'라는 가훈을 제안했다. 비슷한 맥락이지만, 경주 최부자 가문을 본받아 '부끄럽지 않은 인생'이라는 가훈을 제안해본다.

존경받는 삶을 살기 위해서는 항상 타인의 관점에서 자신을 점검하고 다듬어야 한다. 존경은 내가 받고 싶다고 해서 쉽게 얻을 수 있는 것이 아니기 때문이다. 자기 자신에게 부끄러움이 없는 삶을 산다는 것은 존경받는 삶보다는 덜 어렵다는 생각을 해본다. 타인의 시선을 의식하기보다는 스스로 양심과 신념을 지켜나가면 되기 때문이다.

경주 최부자 가문 사람들은 개개인의 신념과 양심에 따라 베푸는 삶을 살았다. 독립운동을 돕고, 재산을 사회에 환원했다. 그러한 삶 속에서 어려운 순간도 있었지만, 부끄러움은 없었다. 그리고 존경받는 가문과 삶이라는 수식어가 자연스럽게 따라왔다. 부끄러움 없이 당당하다는 것은 존경받는 삶과 가문으로 가는 첫 단추다.

PART 3

명문가,
정치로 세계를 이끌다

케네디 가문

일등은 무시당하지 않는다

부부 대통령 VS. 삼부자 대통령

2016년 11월의 미국 대선은 국제사회에서 초미의 관심사였다. 최대 강대국의 대통령이 누가 될 것인가는 월드컵 우승팀을 가리는 것만큼이나 흥미롭고 세간의 이목이 쏠리는 이슈다. 여기에 또 다른 관전 포인트가 미국 대선을 뜨겁게 달궜다. 민주당 힐러리 클린턴 후보와 공화당 도널드 트럼프 후보로 압축되기 이전에 '부부 대통령'의 탄생이냐 '삼부자 대통령' 배출이냐를 놓고 정치 명문가의 대결이 벌어졌다.

힐러리 클린턴 전 국무장관과 젭 부시 전 플로리다 주지사가 본격적인 대권 레이스를 벌이면서 24년 만에 클린턴 가문과 부시 가문의 대결이 성사될지에 관심이 쏠린 것. 힐러리는 빌 클린턴 전 대통령(42대)의 부인이고, 젭 부시는 조지 부시 전 대통령(41대)의 차남이자 조지 W. 부시(43대) 전 대통령의 동생이다. 결국, 젭 부시가 경선 레이스를 포기하면서 힐러리와의 대결은 성사되지 않았다.

케네디 가문의 시작

클린턴 가문과 부시 가문 외에도 미국의 대표적 정치 명문가로 케네디 가문을 꼽을 수 있다. 2009년, 〈워싱턴포스트〉는 대통령학 전문가인 브루킹스연구소의 스티븐 헤스에게 의뢰하여 미국의 10대 명문가를 선정했다. 조사 결과 대통령 1명, 상원의원 3명, 하원의원 4명, 각료 1명을 배출한 케네디 가문이 최고 명문으로 꼽혔다. 헤스는 "케네디 가문은 70년 가까이 고위 공직에 머물러 숫자도 많았지만, 한 사람 한 사람의 영향력도 높은 평점을 받았다"고 설명했다.

케네디 가문은 미국인들이 가장 좋아하는 정치 명문가 중 하나다. 영국 대사를 지낸 민주당의 거물 정치인 조지프 케네디(케네디 대통령의 아버지)는 막강한 재력과 정치적 영향력을 앞세워 아들들을 대통령과 상원의원 등으로 키워냈다.

케네디 가문은 1848년 가뭄으로 인한 굶주림에서 벗어나기 위해 아일랜드에서 미국으로 이주했다. 이민 1세대는 패트릭 케네디(케네디 대통령의 증조할아버지)다. 미국으로 건너온 패트릭은 외아들 패트릭 조지프 케네디(케네디 대통령의 할아버지)와 세 딸을 두고 가난을 벗어나지 못한 채 일찍 세상을 떠났다.

패트릭 조지프는 공부보다 돈을 버는 일이 급하다고 생각했다. 그는 학교를 그만두고 보스턴 동부의 선착장에서 인부로 일했다. 이후 막노동으로 번 돈을 모아 뒷골목에서 술집을 운영하며 큰돈을 벌었다. 그는 술집을 하며 두터운 인맥을 쌓았고, 25세 때 보스턴 동부에서 가장 큰 주류 회사 중 하나를 경영했다. 또 아일랜드 출신의 어려운 사람들을 도와주며 이민사회에서 명성을 쌓았다. 그리고 27세 때 주의회 하원의원이 되면서 정치에 발을 들였다.

케네디 가문은 이때부터 미국에서 기나긴 정치 여정을 시작한다. 패트릭 조지프는 1887년 주류 회사 사장의 딸이자 브록턴 시장의 여동생인 메리 오거스트 페기와 결혼한다. 결혼을 통해 그의 경제적·사회적 지위는 더욱 높아졌다. 이후 은행업까지 진출하며 패트릭 조지프는 보스턴에서 가장 영향력 있는 정치인 중 한 명으로 성장했다. 성공 신화를 이룩한 그는 '승리하려면 아낌없이 투자하라'는 말을 가슴에 지니고 살았다. 그는 자신의 못다 이룬 꿈을 아들을 통해 이루고 싶어 했다. 그래서 아들 조지프를 하버드대학교에 보냈다.

명실상부 케네디 가문은 하원의원과 보스턴 시장을 역임한 존 프란시스 피츠제럴드 가문과 더불어 아일랜드 이민자들의 성공 모델이 되었다. 원래 이 두 가문은 정적관계였지만 훗날 조지프와 로즈의 결혼으로 말미암아 사돈지간이 된다. 이후 로즈의 아버지는 외손자에게 존 피츠제럴드라는 자신의 이름을 물려주면서 정치가로서 큰 인물이 되기를 기원했다. 케네디 대통령의 풀 네임 J. F. 케네디(존 피츠제럴드 케네디)는 그렇게 지어진 것이다.

조지프는 은행가와 사업가로도 큰 성공을 거뒀다. 하버드대학교를 졸업한 후 은행업에 뛰어들어 스물여섯 살에 미국 최연소 은행장에 오른다. 또 맨해튼의 영화 산업에 진출해 막대한 부를 축적, 이를 기반으로 본격적으로 정치판에 뛰어든다. 조지프는 프랭클린 D. 루스벨트 대통령의 선거를 도운 덕에 주영국 대사에 임명됐다. 이때부터 케네디 가문은 정치 명가의 틀을 서서히 갖춘다.

케네디 가문은 케네디 대통령의 증조할아버지 때부터 시작해 주류사업으로 부를 축적한 주의원 출신의 할아버지 세대, 은행업·영화 산업으로 경제적 이익을 거둔 영국 대사 출신의 아버지 세대까지 100년간 끊임없는 노력의 결과로 크게 발전했다. 즉, 케네디 가문은 아일랜드 농민, 맥주통 제조공, 주류업 사장, 은행가, 기업가를 거쳐 마침내 미국 상류 사회의 핵심이 되었다.

케네디 가문의 성공 방정식, 하버드

케네디 가문은 늘 '최고가 되어라'라는 가르침을 자녀들에게 강조했다. 아일랜드계 후손인 케네디 가문은 미국 사회에서 늘 영국인들로부터 무시를 받았다. 수백 년간 아일랜드를 지배한 영국인들의 의식 속에 아일랜드 사람들은 열등 민족이라는 편견이 자리 잡고 있었다.

패트릭 조지프는 아일랜드계의 울타리를 벗어나야 한다고 생각했다. 그는 초등학교도 나오지 않았지만, 아들 조지프만큼은 명문대에 보내 영국계 명문가 자제들과 경쟁시키고 싶었다. 다행히 조지프 역시 아버지를 잘 따라줬고, 결국 그는 아일랜드계 사람으로서는 처음으로 하버드대학교에 들어갔다.

사실, 아일랜드계 사람들은 전통적으로 가톨릭을 믿는다. 하버드는 주로 기독교인들이 다니는 학교였다. 그런데도 케네디 가문은 종교 문제를 극복하고 장래를 위해 하버드를 선택했다. 조지프는 기숙사생활을 하며 영국계 명문가 자제들과 어울렸고, 이들은 훗날 그가 사업을 벌이는 데 큰 도움이 되었다. 그는 대학을 졸업한 지 3년 만에 은행장이 되었다. 당시 보스턴의 은행들은 영국계 출신이 장악하고 있었는데 미국 명문대 하버드에서 최고의 인맥 네트워크와 사회에서의 성공을 경험한 조지프는 일찌감치 부와 명예 그리고 정치권력을 잡는 방법이 무엇인지 깨닫는다. 그리고 그는 자신의 못다 이룬 꿈을 위해 아들 존 F. 케네디를 대통령으로 키우기 위해 철저히 교육했다.

케네디 가문의 가훈도 유명한데 '목표는 크게 정하되 서두르지 말고 단계적으로 실현하도록 지도한다', '명문대에 진학해 최고의 인맥 네트워크를 갖게 한다', '일등을 하면 무시당하지 않는다는 세상의 법칙을 가르쳐준다' 등이었다. 가문 스스로 엘리트 목표 의식을 끊임없이 되새기며 긴장감을 불어넣은 셈이다. 이런 가르침은 패트릭 조지프 때부터 시작됐다고 한다.

결국, 케네디 가문이 아일랜드계 울타리를 벗어나기 위해 선택한 출구는 하버드였다. 하버드는 조지프와 네 명의 아들이 모두 졸업해 5부자가 모두 이 학교의 동문이다. 이때부터 하버드는 케네디 가문 자녀들의 필수 코스가 되었다.

조지프는 사업을 하느라 늘 바빴지만, 아이들에게는 엄격한 요구를 했다. 그는 자녀들에게 경쟁의 개념과 경쟁에서 이기는 법, 그리고 경쟁이 습관화되도록 가르쳤다. 그 상대는 형제라도 마찬가지였다. 그들에게 '2등'은 실패를 의미했다. 그는 자녀를 훈계할 때 "실패자는 우리 집에서 필요치 않다. 우리는 승리자만 원한다" 등의 말을 하곤 했다.

📷 구소련과의 우주 경쟁에서 승리한 아폴로11, 달 착륙 발자국

케네디의 형제들은 이런 영향 탓에 남에게 지는 것을 매우 싫어했다. 조지프는 자녀들의 경쟁의식을 키우기 위해 요트, 수영, 미식축구 같은 각종 스포츠에 참가하도록 했다. 또한 매일 활동과 경기 계획을 짜서 아이들이 시간을 준수할 수 있게 했고, 최선을 다해 승리하도록 가르쳤다. 이런 지도를 받은 케네디 형제들은 새벽부터 다양한 운동 등 '신체적 충돌'을 벌였다. 훗날 대통령이 된 존 F. 케네디는 아버지에 대해 이렇게 회고한다.

"무슨 일을 하든지 아버지의 목표는 이기고, 또 이기는 것이었다. 이 등은 참지 못했다. 아버지의 관심사는 아이들이 어떻게 했느냐가 아니라, 이겼는지의 여부였다. 그래서 아버지는 언제나 자녀들에게 특별한 관심을 기울였다."

존 F. 케네디의 동생 애드워드도 아버지에 대해 이렇게 회고한다.

"내가 하버드와 밀턴에서 운동 경기에 참여했을 때 아버지는 모든 경기를 관람하러 오셨다. 아버지가 유일하게 참석한 부모일 때도 종종 있었다. 우리는 모두 부모님이라는 컴퓨터의 프로그램이다. 차이점이라면 이 컴퓨터는 사랑으로 가득하다는 점이다."

케네디 가문이 항상 일등주의에 빠져 있었던 것만은 아니다. 당시 케네디 가문의 자녀 성공을 놓고 미국 언론들은 케네디 가문의 자녀교육 성공 비결을 분석하는 기사를 실었다. 언론은 케네디 가문의 기적은 반드시 이겨야 한다는 일등주의에 있다기보다는 오히려 최선을 다한다는 정신에 있다고 보도했다. 최선을 다해 일에 집중하다 보니 좋은 결과로까지 이어졌다는 분석이다.

케네디의 어머니는 자녀들에게 "서툴러도 항상 반복해서 최선을 다하면 최고가 될 수 있다"라고 가르쳤다. 케네디 형제들은 경쟁과 승리에 목말라 있었지만, 반칙 등 수단과 방법을 가리지 않는 맹목적 승리를 추구하지는 않았다. 케네디 형제들은 요트 타기를 즐겼는데, 존 F. 케네디는 열 살 때 형과 함께 집안 소유의 요트를 몰고 요트 대회에 참가했다. 그러나 형제는 우승을 눈앞에 두고 다시 해안으로 되돌아갔다. 물에 빠진 참가자를 구하기 위해서였다. 보스턴 언론은 그들에게 '용감한 구조'라고 찬사를 보내며 영웅 칭호를 붙여줬다.

케네디 형제의 숨은 선생님, 어머니

존 F. 케네디가 막 대통령이 되었을 때 그는 어린 시절의 생활이 자신의 성장에 미친 영향에 대해 이렇게 얘기했다.

"사실, 더 많은 칭송을 받을 분은 어머니다. 어머니는 항상 우리에게 책을 읽어주셨고, 우리를 교회, 아름다운 장소, 역사적 명승지 등지로 데리고 다니셨다. 그때 나는 역사에 흥미를 갖게 되었다."

아버지 조지프는 현실적인 생활과 정치 지식 등을 자녀들에게 가르쳤다. 반면 어머니 로즈는 자녀들에게 생각할 기회를 많이 주는 방식의 교육을 했다. 자녀들이 질문하면 인내심을 가지고 거듭 설명해주었다. 역사적 장소로 가 관련 이야기를 들려줌으로써 자녀들이 자연스레 역사에 관심을 갖도록 만들었다.

확실히 그녀는 기업을 관리하는 것처럼 자녀를 관리했다. 자녀와 관련된 예방주사, 치과에 간 날짜, 신발 치수, 체중 등의 건강상태, 성적까지도 노트에 적었다. 시간에 맞춰 아이들을 학교에 보냈고, 식사 시간이 되면 식사 예절을 가르치고, 독서 지도를 했다. 그녀는 자녀들의 성격 차이를 고려, 각자의 재능을 발휘할 수 있도록 교육하는 한편, 규율을 정하고 아이들을 관리했다.

흔히 요즘 과하게 아이들의 생활과 교육에 간섭하는 부모를 일컬어 '헬리콥터맘'이라고 부른다. 대학 진학부터 시작해 대학생활 강의에도 어머니가 참석하는가 하면, 담당 교수를 직접 만나 아이의 학점까지 간섭한다는 것이다. 대체로 자녀의 자율성과 독립성을 무시한 과한 교육과 관심에 쓰이는 표현이다.

로즈 역시 스케줄을 정리하고 노트에 기록할 정도로 아이들의 생활과 교육을 철저히 관리했다. 그러나 한 가지 차이가 있다면 아이가 성인이 된 이후에는 관심을 줄였다는 것이다. 그녀는 자녀가 품은 뜻을 존중하고 묵묵히 응원해줬다. 물론 아이의 생활 습관과 인성이 형성될 때까지는 과하다 싶을 정도로 뜨거운 교육열로 자녀를 지도했다. 서양에서는 드물게 체벌도 가했다고 한다. 존 F. 케네디는 "어머니는 무섭게 매를 휘둘렀지만, 매가 우리 몸에 닿기 전에 팔에서 힘을 뺐다. 어머니에게는 그것을 말리는 또 다른 손이 있었기 때문이다"라고 회상했다. 당시 아동교육 전문가들은 체벌을 반대했지만, 로즈는 체벌이 주는 '위협'을 이용했다. 나중에 체벌 얘기만 나와도 아이들의 행동에 유익한 효과가 나타난다고 본 것이다. 로즈가 체벌을 하는 이유는 간단했다. 가정의 질서와 규칙을 강조하기 위해서였다.

"나는 자녀들을 사랑하지만, 아이들이 규율을 준수하기 바란다. 아이들에게는 자유뿐만 아니라 구속 또한 필요하다."

그녀 역시 케네디 가문의 구성원답게 도전과 모험을 즐겼다. 독일어와 프랑스어를 구사했고, 운동도 게을리하지 않았다. 골프를 칠 때도 절대 차를 타고 이동하지 않았고, 골프채 또한 직접 가지고 다녔다. 예순에는 스키를 배웠고, 여든 살에는 바다 수영을 즐겼고, 여든다섯에는 스케이트를 타기 시작했다.

1972년, 누군가가 로즈에게 상원의원으로 나설 생각이 있는지 물었다. 그녀는 잠시 생각한 후 대답했다.

"나는 상원의원의 어머니이길 바랍니다. 어머니는 자식의 두뇌와 영혼을 만들 수 있는 존재입니다."

로즈는 자녀들의 꿈을 지지해주는 어머니 역할에 충실했고, 이를 의미 있는 일이라고 생각했다. 아들이 대통령 선거에 나설 때는 전국을 함께 돌아다니며 든든한 지원군이 됐다. 두 아들이 암살당하는 비극을 겪었을 때도 의연하게 말했다.

"나는 물론 손녀가 대통령 선거에 나가는 것을 환영해요. 이제는 시대의 흐름에 발맞춰 손녀들도 정계에 진출해야 한다고 생각합니다. 우리 가문은 정치적 성향이 강합니다."

미국인이 사랑한 최고의 정치 명문가

제2차 세계대전 중 조지프의 장남 조지프 2세가 사망하자 조지프는 차남인 존 F. 케네디를 통해 자신의 꿈을 실현하려 한다. 존 F. 케네디는 케네디 가문의 중심에 있었다. 그 역시 아버지처럼 명문 하버드 출신으로 젊은 시절부터 정치판에 나서 매사추세츠주에서 1947년부터 1953년까지 무려 6년간 하원의원을 지냈다. 이후 1960년까지 상원의원을 역임하고 이듬해인 1961년 아버지의 희망대로 43세에 백악관의 주인이 됐다.

케네디 집안사람들에게는 청중의 마음을 사로잡고 연설을 잘하는 대중선동 정치인으로서의 탁월한 재능이 있었다. 존 F. 케네디의 동생 로버트는 법무장관을 역임했고, 막냇동생 애드워드는 상원의원을 역임하며 정치 명문가로의 위치를 잘 지켰다. 존 F. 케네디는 매사추세츠주 상원의원으로 당선된 직후 인터뷰에서 이렇게 말했다.

"우리 가족 중에서 형이 공직에 진출한 것은 아주 합리적인 선택이었어요. 그가 아직 살아 있다면, 나는 가업에 종사했을 겁니다. 만약 내가 죽는다면 내 동생 로버트가 상원의원이 될 것입니다. 그리고 그에게도 무슨 일이 생긴다면 동생 테드가 정치에 입문하게 되겠죠."

케네디 형제의 피 속에 정치에 대한 갈망이 얼마나 담겨 있는지를 보여주는 대목이다. 실제로 케네디가 1963년 암살을 당하자 로버트가 1968년 대통령 선거에 출마했다. 그러나 불행히도 그 역시 아랍 청년의 손에 죽임을 당했다. 1980년에는 애드워드가 바통을 받아 대통령 경선에 참여했다.

케네디가 3세들의 활동도 활발하다. 존 F. 케네디의 딸 케롤라인은 주일 미국 대사로 활동하고 있다. 로버트의 맏딸 케슬린 타운센드는 메릴랜드 부주지사를 역임했고, 아들 조지프 케네디는 하원의원 출신이다. 에드워드의 자녀인 패트릭 역시 하원의원을 역임했다.

잠깐 다른 이야기를 하자면, 존 F. 케네디의 손녀이자 케롤라인 주일 미국 대사의 딸인 로즈 케네디 슐로스버그는 최근 코미디언으로 변신해 눈길을 끌었다. 로즈는 친구이자 하버드 대학원 동기인 마라 넬슨과 함께 총 6편의 코미디 작품을 유튜브와 웹 코미디 전문 사이트 등을 통해 공개했다. 그러나 시청자들은 정작 내용보다는 할머니 재키를 쏙 빼닮은 그녀의 외모에 주목했다.

케네디 전기를 집필한 크리스토퍼 앤더슨이 2010년 〈뉴욕포스트〉와 가진 인터뷰에 따르면 재키는 생전 뉴욕 맨해튼에 살면서 로즈를 보기 위해 몇 블록 거리의 딸 집을 거의 매일 들를 만큼 손녀에 대한 애정이 넘쳤던 것으로 전해진다. 외삼촌이자 존 F. 케네디의 아들 존 주니어가 불의의 항공기 사고로 요절한 후 로즈가 미국 명문 정치가 케네디 가문 3세대들의 구심점이 되고 있다는 관측이 나온다. 로즈가 향후 정치권에 진출할지는 지켜봐야겠지만, 그녀가 코미디언으로 나서는 것 역시 타고난 케네디 가문의 끼와 피가 흐르고 있기에 가능한 일임에는 분명해 보인다.

케네디 집안이 미국에서 성공한 정치 가문이 될 수 있었던 이유는 미국이라는 시대적·사회적 기회와 케네디 집안사람들의 재능이 맞아떨어졌기 때문이다. 케네디 가문은 미국에 이민한 뒤 막대한 경제력을 기반으로 정계에 진출했다. 개척 국가인 미국에서 젊은 대통령 케네디는 프런티어를 상징하는 인물이었다. 그리고 이 젊은 대통령의 사망은 이민 국가인 미국에서 교황청 혹은 왕권과 같은 전통적인 역사적 뿌리를 찾고 싶어 했던 미국인들의 정서를 자극했다. 인기 많던 젊은 대통령의 암살 이후 계속되는 케네디 가문의 비극 때문에 미국인들은 국가의식과 일체감에 상처를 입었다. 그렇게 미국인들은 안타까움과 동정을 동시에 느끼며 케네디 가문을 여전히 애정 어린 시선으로 바라보고 있다.

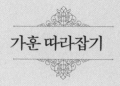

가훈 따라잡기

케네디 집안사람들은 열정적으로 삶을 개척했다. 지나친 경쟁의식
과 일등주의에 몰입됐다고 부정적으로 볼 수도 있겠지만, 이 또한 삶
과 인생 그리고 가문에 대한 열정으로 부단히 노력했던 과정의 산물
이다. 혹자는 케네디 가문의 정치 감각과 대중을 매료시키는 연설은
타고났다고 평가하기도 한다. 이들이 태생적으로 정치적 재능을 지
녔을 수도 있겠지만, 대중이 보지 않는 뒤편에서 묵묵히 노력했다는
점도 인정해야 한다. 자녀를 교육하고, 자녀가 부모의 뜻을 이어 정
치 명문가의 일원으로 거듭날 수 있었던 것은 모두 정치 명문가에 대
한 '갈망'과 '열정'이 있었기에 가능했던 일이다.

한 분야에서 타고난 재능을 갖고 두각을 나타내는 사람은 그리 많지
않다. 꿈과 목표를 향한 강렬한 열정이 목적지에 좀 더 가깝게 데려
다주는 것인지도 모른다. 그래서 '열정이 곧 재능이다'라는 가훈이
그토록 공감이 가는 것 아닐까.

루스벨트 가문

**인간은 운명의 포로가 아니라
단지 자기 마음의 포로일 뿐이다**

엘리트의 상징, 루스벨트 가문

네덜란드 출신의 루스벨트 가문은 무역업, 금융업 등을 발판 삼아 막대한 부를 이룬 집안으로, 미국 정계 명문가의 원조로 불린다. 실제로 그들은 대통령 2명(26대 시어도어 루스벨트·32대 프랭클린 루스벨트)과 부통령 1명, 주지사 2명을 배출했다.

루스벨트 가문은 일찍이 독립전쟁에 참가했는데, 아이삭 루스벨트(프랭클린 루스벨트의 할아버지)는 흑인노예해방운동의 지지자였다. 그런 환경 속에서 자란 아들 제임스 루스벨트(프랭클린 루스벨트의 아버지)는 집안 최초로 하버드 로스쿨을 졸업했다. 이후 그는 토지를 비롯하여 철도, 해운, 광산업에 투자하면서 하이드파크 최고의 부호가 되었다.

미국 제32대 대통령이자 미국 역사상 유일무이한 4선 대통령(1933-1945) 프랭클린 루스벨트는 뉴욕 허드슨강 동쪽 기슭의 하이드파크에서 태어났다. 그가 겪은 교육 과정은 오늘날의 우리나라 엘리트교육과 상당히 비슷하다. 그는 가정교사를 통한 귀족교육을 받은 뒤 14세 때 홈스쿨링을 접고 사립 명문인 그라톤 기숙학교에 입학했다. 이후 미국 명문 하버드대학교와 컬럼비아 대학원을 마치며 엘리트 코스를 밟았다.

루스벨트는 그의 아버지가 51세에 얻은 늦둥이였기 때문에 부모의 사랑을 많이 받았다. 그는 어린 시절부터 부모를 따라 자주 외국으로 여행을 가 견문을 넓혔다. 열네 살 때 이미 유럽을 여덟 번이나 여행했을 정도다. 16세 때는 자기 소유의 요트를 타는 등 그는 다양한 활동을 통해 시야와 지식을 넓혔고 자립심 또한 키웠다.

루스벨트의 정계 진출 또한 화려했다. 1910년 뉴욕 주의원에 당선돼 청년 정치인으로 등장했고, 33세 때 해군차관보에 임명되면서 승승장구했다. 그런 그에게 고난이 찾아온 건 1920년 대선 패배 때부터였다. 엎친 데 덮친 격으로, 이듬해에는 척수염으로 소아마비에 걸리는 불상사를 겪는다.

이러한 시련은 그동안 실패 없이 성공 가도를 달리던 루스벨트에게 너무나 치명적이었다. 설상가상으로 병이 나을 가능성이 전혀 없다는 충격적인 진단까지 나오자 그는 자살 충동에 빠져 실제로 수차례 자살 기도를 했다고 한다. 그러나 그는 가족과 친구들의 응원 속에서 재활에 매달렸다. 일부 친구들은 그의 의지를 북돋워주기 위해 지팡이를 선물했다. 그의 딸 애너 역시 어린 나이임에도 아버지에게 끊임없이 용기를 불어넣었다.

루스벨트는 목발에 의지한 채 재활에 더욱 열심히 매달렸고, 이윽고 정계 복귀를 결심한다. 1928년 휠체어에 앉아 치른 선거에서 그는 뉴욕 주지사로 당선됐다. 두 번에 걸친 임기를 마치며 그는 '미국 역사상 최고의 주지사'라는 찬사를 받았다. 1932년, 그는 마침내 민주당 대통령 후보로 지명됐고, 장애우로는 처음으로 대통령이 되었다.

하지만 루스벨트가 대통령직을 수행하는 길은 순탄하지 않았다. 1929년 뉴욕 월스트리트 주가 대폭락으로 시작된 대공황은 그때까지도 여전히 경제위기를 가중시키고 있었다. 그는 대공황이라는 거대한 위기에 뉴딜정책으로 맞섰고, 테네시 계곡 개발공사 등의 대규모 공공사업을 벌이며 실업 대책도 실행했다. 때마침 발발한 제2차 세계대전으로 군수 산업이 부흥기를 맞았고, 그렇게 공황은 단숨에 사라졌다.

루스벨트 부모의 교육법

루스벨트 가문은 '유혹을 견뎌내는 법'을 강조했다. 루스벨트는 강인함과 자립심, 유연성을 갖춘 인물로 평가받는데, 그 밑바탕에는 어머니의 사랑과 아버지의 가르침이 있었다. 그 덕분에 그는 최고의 자리에 올랐고, 미국 역사상 가장 성공적인 정치가이자 대통령이 되었다.

루스벨트에게는 우리나라의 신사임당에 비견될 만한 훌륭한 어머니가 있었다. 그의 어머니 사라 딜라노는 남편이 사망한 후 모든 역량을 아들에게 집중했다. 루스벨트가 하버드에 입학했을 때에는 집을 보스턴으로 옮겼다. 아들이 집에 오고 싶을 때 언제든지 올 수 있게 하려는 배려에서였다. 사라는 루스벨트가 태어났을 때부터 그를 특별하게 키웠다. 당시 상류사회에서는 유모가 대신 젖을 먹여 아이를 키웠지만, 사라는 자신의 모유를 먹였다. 목욕도 직접 시켰고, 옷도 직접 갈아입혔으며, 밤낮으로 아이의 곁을 떠나지 않았다.

그런가 하면 사라는 루스벨트를 위해 빈틈없는 시간표를 만들었다. 7시 기상, 8시 아침 식사, 가정교사와 두세 시간 공부한 후 휴식, 오후 1시 점심 식사, 4시까지 공부, 그 이후는 자유 활동이었다. 사실, 이 시간표는 나름대로 굉장히 과학적인 시간 구성이었다. 일리노이대학교 연구진의 연구 결과에 따르면 사람은 오전 10시에서 11시 사이에 주의력과 기억력이 가장 좋고, 오후 3시와 4시 사이에 창의력이 가장 왕성하다고 한다. 루스벨트의 공부 시간표는 이 연구 결과와 잘 맞는 이상적인 시간 구성이었다.

어린 시절의 엄격한 시간관리는 훗날 루스벨트의 업무 시간관리의 기초가 됐다. 대통령 선거 기간과 당선된 이후 루스벨트의 업무량은 상상할 수 없을 정도로 많았지만, 업무 과다로 건강이 악화되는 일 없이 12년 연속 대통령으로 재직했다.

사라는 놀이를 통한 교육도 활발하게 진행했다. 루스벨트는 어린 시절부터 무슨 놀이를 하든지 이기는 데 익숙해 있었다. 사라는 그런 루스벨트를 깨우치고자 노력했다. 그녀는 루스벨트와 체스를 둘 때 계속해서 이겼지만, 일부러 양보하지 않았다. 그녀는 루스벨트가 화를 내도 아랑곳하지 않고 오히려 아들에게 화낸 일을 사과하게 만들었다. 이런 경험을 통해 루스벨트는 자기중심적 사고에서 벗어날 수 있었다.

사라는 루스벨트가 다재다능한 아이로 자라길 원했다. 아이는 하얀 종이와도 같기 때문에 그 종이를 채울 흥미를 만들어줘야 한다는 생각이었다. 사라는 루스벨트를 위해 피아노와 그림에 소양이 있는 젊은 여성 가정교사를 불렀다. 그러나 루스벨트는 피아노와 그림에 별다른 흥미를 보이지 않았다. 사라는 그 원인이 가정교사의 교육 방법에 있다 생각하고 그녀를 해고했다.

이후 정통 프랑스어를 구사하는 스위스 출신의 교사를 새로 고용했다. 그녀는 예능, 영어, 수학, 외국어 등을 가르쳤다. 사라는 승마, 펜싱도 가르쳤으며, 매주 일요일 교회를 데리고 가 아들의 신앙심을 키우고자 했다. 그러나 루스벨트는 언제나 갖가지 교묘한 방법으로 어머니의 계획에 저항했다. 가정교사를 두 번이나 바꾸었지만, 피아노와 그림, 영어 실력은 늘지 않았다. 또 교회에 가는 날만 되면 몸이 아팠다.

사라는 고민 끝에 루스벨트에게 새로운 방법을 적용한다. 어느 과목이건 성적이 나아지면 1달러를 상으로 준다는 것이었다. 루스벨트는 피아노와 그림에서는 실력이 별로 향상되지 않았지만, 영어와 외국어에서는 큰 진전을 보였다. 사라는 아들에게 매일 1달러의 상금을 줬다. 그러나 제임스는 아들이 돈을 펑펑 쓰는 모습을 못마땅해했다. 결국 사라는 보상 방법을 바꿔 아들이 좋아하는 달걀말이나 과자 등을 직접 만들어 축하 파티를 열어주곤 했다.

루스벨트는 바뀐 보상방식에 처음에는 저항하다가 새로운 보상을 요구했다. 애완동물을 사달라거나 매달 가족이 함께 바다로 놀러 가자는 것 등이었다. 루스벨트의 부모는 아들에게 말과 우수한 품종의 사냥개를 선물했다. 대신 스스로 동물을 돌봐야 한다는 조건을 걸었다. 루스벨트는 이 일을 훌륭하게 해내며 책임감을 가진 아이로 성장하였다.

루스벨트의 어머니가 아들에게 인성을 가르쳤다면, 아버지는 모험심과 도전 정신을 가르쳤다. 제임스는 요트를 타고 항해하는 취미가 있었는데, 늘 아들을 데리고 다녔다. 그들은 직접 요트를 조종해 먼 섬으로 가서 휴가를 보냈고, 오가는 길에 종종 거센 바람과 파도를 만나기도 했다. 이를 통해 루스벨트는 고난에 대처하는 법을 연습할 수 있었고, 더 강인해졌다.

1908년 여름, 루스벨트가 홀로 장거리 여행을 떠났을 때 일이다. 항해 중 폭풍을 만나 요트가 좌초되려는 순간, 루스벨트는 큰 돛과 작은 돛을 모두 떼어냈다. 그렇게 그는 강한 파도와 열두 시간을 싸우며 줄곧 키를 붙잡은 채 폭풍을 견뎌냈다.

1913년에는 해군 보조부장이 되어 7년 반 동안 해군으로 복무했다. 어려서부터 꿈꿔왔던 항해에 대한 미련 때문이었다. 그는 늘 함정이나 창고의 깊숙한 곳으로 들어가 일하는 것을 좋아했고, 업무에 깊이 몰두했다. 소아마비에 걸린 후에도 아내의 도움을 받으며 각지의 병원, 감옥, 수용소, 최하층 빈민 지역, 흑인 구역을 시찰했다. 이런 그의 강인한 근성과 모험심은 거센 반대 여론을 물리치고 뉴딜정책을 실행할 수 있게 한 원동력이었다.

내조의 여왕, 엘리너 루스벨트

루스벨트 가문을 언급할 때에는 그의 부인 엘리너 루스벨트를 빼놓을 수 없다. 엘리너는 내조의 여왕으로 루스벨트의 성공을 직접 옆에서 도운 인물이다.

루스벨트가 폐렴에 걸려 병상에 누웠을 때의 일이다. 엘리너는 남편의 편지와 개인 물품을 정리하다가 충격적인 사실을 알게 된다. 바로 자신의 개인 비서이자 친구인 루시 페이지 머서와 루스벨트가 연인 사이라는 사실을 알게 된 것. 그녀는 마음의 상처를 입었지만, 남편이 친구를 정말로 사랑한다면 놓아줘야 한다고 생각했다. 결론적으로 루스벨트는 여러 고민 끝에 아내 곁에 남기로 결정한다.

이후 엘리너는 루스벨트가 안겨준 배신감을 떨쳐내고 아내 역할에 충실했다. 루스벨트가 하반신 마비로 좌절했을 때 7년 동안 곁에서 재활을 도왔고, 퍼스트레이디가 되어서도 그 역할을 충분히 해냈다. 엘리너의 결정은 분명 여자로서 쉽지 않은 선택이었다. 그녀의 선택이 없었다면 루스벨트가 역대 미국 대통령으로서 후손들에게 인정받는 일도 없었을 것이다.

이 장면은 빌 클린턴과 힐러리 클린턴을 연상케 한다. 빌 클린턴과 백악관 인턴으로 일하던 모니카 르윈스키의 스캔들이 불거졌을 때 힐러리는 빌의 곁을 지켰다. 빌 클린턴의 명성과 성공 뒤에는 힐러리의 희생이 있었던 것이다.

엘리너는 1945년 남편이 세상을 떠난 뒤에도 사회적 책임과 역할에 충실했다. 자신의 열정을 사회봉사로 승화시키며, 유엔 최초 여성 인권위원장이 되었다. 그녀가 미국 역사상 가장 훌륭한 퍼스트레이디로 기억되고 있는 이유다. 루스벨트 부부는 자녀들에게도 가문이 주는 교훈을 강조했다. 특히 외동딸인 애너에게 각별히 신경을 썼는데, 그녀 역시 부모를 잘 따랐다. 가끔 그녀의 어머니가 부재중일 때에는 아버지 옆에서 퍼스트레이디 역할을 수행해냈다.

닮은 삶을 살아간 프랭클린과 시어도어

26대 대통령에 올랐던 시어도어 루스벨트의 삶도 프랭클린 루스벨트와 비슷하다. 시어도어는 프랭클린의 12촌이다. 시어도어는 부잣집 도련님이었지만 유난히 병약했다. 그는 스스로의 병약함을 견디기 위해 꾸준한 운동과 체력 단련에 몰두했다. 명석한 두뇌를 바탕으로 부잣집 특유의 영재교육을 거쳐 어렵지 않게 하버드대학교에 입학하였다.

시련을 겪은 것도 프랭클린과 비슷하다. 시어도어의 아내 앨리스는 첫 아이를 낳자마자 장티푸스로 숨졌다. 앞서 그의 어머니도 세상을 떠나며, 그는 사랑하는 두 사람의 주검을 몇 시간 사이로 안아야 했다. '내 인생에서 빛은 사라졌다'는 그의 일기는 당시 그가 느낀 상실감이 상당했음을 말해준다.

후대 사람들은 루스벨트 가문이 정치 명문가가 될 수 있었던 이유로 뛰어난 감성지능 DNA를 꼽는다. 여러 고난과 역경을 거치며 대중의 동정심을 존경심으로 바꿔놓는 데 탁월했다는 설명이다.

하반신을 움직이지 못했던 프랭클린은 자신의 모든 동작에 대한 사람들의 반응을 연구했고, 사람들의 시선이 자신의 상체에 쏠리도록 연극적인 소도구를 사용했다. 기다란 담배 파이프, 해군 망토, 구깃구깃한 모자 등을 착용해 대중의 시선을 붙잡은 것이다. 또 라디오 연설을 통해 마치 거실에 가족이 오순도순 모여 있는 듯한 느낌을 연출해 자상한 아버지처럼 메시지를 전달했다. 부유한 특권층에서 자랐지만, 대중과의 친숙한 행보를 보인 것 역시 루스벨트 가문이 존경받는 원동력이 됐다.

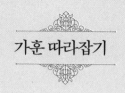

가훈 따라잡기

'시련에 굴복하는 것이 진짜 시련이다.'

루스벨트를 보면 역경과 고난을 극복한 뒤 사람이 얼마나 더 단단해지는가를 볼 수 있다. 엘리트 출신인 루스벨트에게 소아마비 같은 신체적 고난이나 정치적 고난은 보통 사람들이 봤을 때 큰 고난이 아닐수도 있다. 그는 여전히 명문가 출신이고, 사회적인 명성을 가지고있고, 가족도 있기 때문이다. 하지만 엘리트 출신이기에 크지 않은역경도 그 스스로에게는 너무 큰 시련일 수 있다. 가진 것이 많으면잃을 게 많은 것처럼 말이다.

루스벨트는 고난과 역경에 굴복하지 않고, 그만의 뚝심으로 삶을 헤쳐 나아갔다. 사람들은 각자의 인생에서 감당하기 쉽지 않은 크고 작은 시련을 경험한다. 그리고 시련에 맞서 넘어지고 뒹굴며 앞을 향해나아간다. 시련에 굴복하는 것이 진짜 시련이기 때문이다.

리콴유 가문

노력하는 자만이 훌륭한 결과를 얻을 수 있다

싱가포르의 영웅

리콴유는 싱가포르를 경제 강소국에 올려놓은 영웅으로 불린다. 여러모로 우리나라의 박정희 전 대통령과 비슷한 인물로 비유되기도 한다. 가난하던 국가를 경제대국에 올려놓은 공을 인정받고 있지만, 장기집권으로 세간의 비난을 받기도 했다. 또 이들의 자녀가 아버지의 뒤를 이어 국가를 책임지는 자리에 올랐다는 점도 공통점이다.

리콴유 가문의 시작은 리콴유의 증조할아버지인 리복분으로 거슬러 올라간다. 리복분은 청나라 말기인 19세기 말 중국 남부 광둥성 외곽에서 살았다. 리복분은 동남아를 무대로 장사를 했다. 그러던 어느 날 그가 쌀 무역을 위해 싱가포르에 체류하고 있을 때 중국 상인들을 대상으로 대서방을 운영하던 한 화교와 인연을 맺으면서 화교의 삶을 시작한다.

당시 18세였던 리복분은 이 화교로부터 자신의 딸과 혼인을 하고 싱가포르에 살지 않겠냐는 권유를 받는다. 리복분은 1866년 조촐한 결혼식을 치르고 리훈령을 낳는다. 리복분은 리훈령을 훌륭하게 키우겠다는 생각에 '언제나 노력하는 자만이 훌륭한 결과를 얻을 수 있다'는 가훈을 내걸고 아들을 교육했다. 리훈령은 아버지의 기대에 잘 부흥하여 16세 때 영국계 학교를 우수한 성적으로 졸업하고 선박 회사에 입사했다.

그러나 리복분이 부모를 만나러 갔다가 갑자기 병을 얻어 세상을 떠나면서 리훈령은 홀로된 어머니를 보살펴야 했다. 그는 성공을 위해 일에 더 매진했다. 이윽고 선박 회사의 이사 자리에 올랐고, 사업차 인도네시아를 자주 오가다 그곳의 화교 여성 첸진추와 부부의 연을 맺는다.

얼마후 리친쿤이 태어났고 리훈령은 퇴직 후 선박 사업을 시작했다. 그리고 아들 리친쿤이 대를 이어받기를 원했다. 그러나 리친쿤은 아버지의 사업에는 관심이 없었다. 그는 미국 석유 회사 쉘의 싱가포르 지사에 취직하면서 본인의 일에 집중하겠노라 선언한다. 리훈령 역시 아쉽지만 그의 의견을 존중하며 격려했다. 그러나 이때부터 리친쿤과 리훈령은 진로 문제를 놓고 의견 차이를 보이더니 나이가 들면서부터 종종 갈등을 빚었다. 특히 리친쿤이 아들 리콴유를 낳으면서부터 더 심해졌다.

리훈령은 손자가 영국식 교육을 받기를 원했다. 스스로 노력을 통해 자신이 원하는 것을 얻으라고 가르친 집안의 정신을 이어가기 위해서는 영국 학교의 교육방식이 적합하다는 것이 그의 주장이었다. 반면, 리친쿤은 아들에게 중국식 교육을 하기 원했다. 해결은 리콴유의 어머니이자 리친쿤의 아내인 추이짐나의 중재로 이뤄졌다. 추이짐나는 리콴유를 영국계 학교에 보냈다가 이후에 중국 학교를 보내자고 제안했다. 이에 따라 리콴유는 초등교육과 중등교육을 각각 영국식과 중국식으로 받은 다음 래플스대학에 들어간다.

아버지의 일탈과 일본 침략

리콴유에게 닥친 첫 번째 시련은 아버지의 일탈이었다. 할아버지와 종종 갈등을 빚던 리친쿤은 할아버지 사망 이후 일탈이 더 심해졌다. 도박에 빠져 가족을 돌보지 않으면서 집안싸움이 잦아졌다. 리콴유는 할아버지의 말년 사업 실패와 아버지의 도박으로 기울어진 집안을 다시 일으켜야 한다고 생각했다. 그는 접착제를 암거래하며 집안 생계를 꾸렸고, 연합군의 전보를 번역하는 일도 맡았다. 당시 그는 일본군의 강제징집영장을 받고 전쟁터로 떠나기 직전 가까스로 탈출해 위기를 넘기기도 했다.

제2차 세계대전이 끝난 후 그는 공부를 좀 더 해야 성공할 수 있다고 생각했다. 케임브리지대학교 윌리엄 캠퍼스에서 법학을 전공한 다음 런던경영대학원에서도 공부했다. 이후 1949년 싱가포르에 돌아온 뒤 변호사로 활동했다. 영국 유학 동창생인 귀격추와 결혼한 뒤 함께 변호사생활을 하며 비교적 풍족한 생활을 이어갔다.

그러나 그의 마음 한구석에는 늘 싱가포르의 독립과 번영이라는 숙제가 남아 있었다. 어느 날 그는 부인과 동생들에게 이런 속내를 털어놓았다. 동생과 부인은 리콴유의 정치 참여를 지지했고, 리콴유는 1954년 11월 인민행동당의 서기장에 선출됐다. 이어 1959년 선거에 압승하면서 그의 나이 35세에 영연방의 자치구인 싱가포르의 총리가 됐다.

리콴유는 1961년 경제개발 4개년 계획과 공단 및 주택 건설 5개년 계획을 추진했고, 덕분에 싱가포르는 1965년 말레이시아로부터 분리독립했다. 이후 리콴유의 국정운영 계획은 탄력을 받는다. 정부 비판과 적대행위 금지를 비롯해 마약, 도박, 부정부패 등 사회악 척결을 주창했다.

이후 싱가포르는 비약적인 발전을 이뤄냈다. 특히 길거리에 쓰레기는 물론 종이 쪼가리 한 장도 버리지 못하게 하면서 내외국인 상관없이 엄청난 벌금을 물리는 것은 한국 관광객들에게도 너무나 유명한 이야기다. 리콴유는 총리로 재직하면서 경제 발전의 주요 요인을 깨끗한 정부라고 생각했다. 이는 부정부패 방지법으로 이어졌다. 총리 직속 부패행위조사국이 설립됐고, 싱가포르 정부 안에서의 부정부패가 빠르게 사라졌다. 선거 비용과 자금도 최소화해 당비로 충당이 가능하게끔 선거 구조 자체를 변경했다.

리콴유의 부정부패 방지법은 2016년 대한민국과 오버랩이 된다. 2016년 '김영란법'으로 불리는 부정청탁 및 금품 등 수수의 금지에 관한 법률이 시행되면서 우리 사회는 일대 혼란을 겪었다. 언론보도를 통해 내수 경기 침체 우려가 제기됐고, 식당들은 경영난을 호소했다. 화훼농가와 과일농가에서도 어려움을 토로했다. 포상금을 노리는 '란파라치'가 기승을 부렸고, 공무원과 언론인 등 김영란법 대상자들은 약속을 취소하거나 미루며 몸 사리기에 바빴다. 한국경제연구원은 김영란법 시행으로 인한 경제손실이 연간 11조 6,000억 원에 달할 것이라는 전망을 내놨다.

반면, 사회 투명성 강화로 사회적 비용이 감소되면서 긍정적인 효과를 가져올 것이라는 주장도 나왔다. 특히 장기적 관점에서 봤을 때 당장의 경제 손실을 감수하고서도 상당한 비용의 사회적 비용 감소와 발전적 경제이익을 가져다줄 것이라는 의견도 많았다. 부정부패는 이유를 막론하고 사라져야 할 행위임에 틀림없다. 불필요한 사회적 비용을 발생시키고, 불건전한 사회 시스템을 고착화하기 때문이다. 부실감사와 부실건설 등 사회 부작용을 야기해 안전 문제를 일으킬 수도 있다. 정정당당하게 경쟁에 참여한 페어플레이어들의 권리와 기회를 박탈하기도 한다. 싱가포르의 상황을 되돌아보며 우리 사회가 김영란법을 어떤 방식으로 소화해 나아갈지 고민해봐야 할 대목이다.

리콴유의 아들, 대를 이어 총리가 되다

리콴유는 그의 선조들이 그랬던 것처럼 자녀들에 대한 교육에 굉장히 열정적이었다. 리콴유의 장남 리셴룽은 1984년 32세 때 공군 준장으로 예편한 뒤 싱가포르 의회에 진출했다. 부친의 후광이 분명 존재하기는 했지만, 그의 노력도 크게 작용했다. 집안의 가르침인 독립심과 자립심을 리셴룽이 갖추었기 때문이다. 리셴룽은 본인 스스로 그의 위치와 능력이 어느 수준인지 늘 확인했고, 아버지의 명성에 힘입어 성과를 이뤄냈다는 평가를 늘 경계했다.

1990년 당시 30년에 걸쳐 싱가포르를 통치했던 리콴유는 은퇴를 결정해놓고 있었다. 많은 이가 리콴유의 뒤를 이어 리셴룽이 총리를 승계할 것이라 생각했다. 그러나 리콴유의 생각은 달랐다. 리셴룽이 총리직을 수행하기에는 너무 어렸고, 총리 자리는 개인 재산이 아니기 때문에 능력이 검증되지 않은 이에게 물려줄 수 없다고 판단한 것이다. 리셴룽역시 아버지와 생각이 같았다. 아버지에게 의지하지 않고 본인의 노력만으로 총리가 되고 싶어 했고, 아직 자신의 경험과 능력이 부족하다고 생각했다.

리셴룽은 총리가 되기 위해 많은 노력을 기울여 능력과 경험을 쌓았다. 그 결과 1998년 중앙은행의 성격을 지닌 통화국 총재를 거쳐 2001년 싱가포르 정부의 2인자인 재무장관 겸 부총리에 올랐다. 당시 싱가포르 국민은 이를 두고 그가 아버지의 후광에 힘입었다는 말을 하지 않았다. 리셴룽의 능력을 어느 정도 인정한 것이다. 2004년 리셴룽은 아버지와의 약속대로 총리 자리에 올랐다.

'노력하는 자만이 훌륭한 결과를 얻을 수 있다'는 리콴유 가문의 가훈은 리콴유의 둘째 아들인 리셴양에게도 똑같이 전해졌다. 리셴양은 형처럼 육군 준장으로 예편한 뒤 정치에 진출하려고 했다. 그러나 리콴유로부터 가장 잘할 수 있는 분야가 무엇인지를 다시 생각해보라는 말과 함께 아버지에게 기대지 말고 스스로 해내라는 충고를 들었다. 리셴 양은 정치에 대한 뜻을 접고 재계에서 뜻을 펼치기로 한다. 그는 1999년 싱가포르 최고 텔레콤 회사인 싱텔의 CEO에 올랐고, 동남아 최대 은행인 DBS그룹 CEO로 자리를 옮겼다.

리콴유의 외동딸 리웨이링도 스스로 삶을 개척하였다. 의과대학 재학 당시 아버지가 리콴유라는 사실을 숨겼고, 이후 신경외과 의사로 자신만의 길을 걷고 있다.

리콴유는 무려 30년이나 한 국가의 총리를 맡았다. 그의 아들도 총리를 지내며 한 가문에서 40여 년 가까이 나라를 이끌고 있다. 일부에서는 그를 장기집권한 권위주의적 독재 정치가라고 비난하기도 한다. 그러나 리콴유는 아직도 싱가포르의 중심이자 정신적 리더이다. 많은 국민이 여전히 그의 국가 경영철학에 존경심을 표한다.

많은 정치인이 그렇듯 한 인물에 대한 평가는 긍정적 업적과 부정적 평가가 공존한다. 리콴유 가문 역시 마찬가지다. 싱가포르를 독립시키고, 경제 강국에 올려놓은 공로를 인정받는 한편으로 그의 장기집권은 권력욕에 따른 것 아니냐는 비판도 나온다. 분명한 점은 역사가 앞으로도 꾸준히 리콴유와 그의 가문을 조명하며 다양한 각도로 검증할 것이라는 사실이다. 그렇기에 리셴룽 총리 역시 가문의 가르침을 중시하되 국민의 목소리에도 귀를 기울이는 노력이 필요할 것이다.

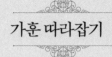

가훈 따라잡기

'소년이여, 야망을 가져라.'

리콴유 가문은 야망이 컸던 집안이다. '노력하는 자만이 훌륭한 결과를 얻을 수 있다'는 가르침 아래 목표를 향한 열정과 노력을 중시했다. 좋은 결과를 위해 그만큼의 노력이 필요하다는 것은 당연하다. 리콴유 가문의 업적과 행보에 대한 정치적 평가는 차치하고, 이 가문 구성원의 원대한 꿈을 들여다보자.

결국, 좋은 결과라는 것은 확고한 목표의식과 목표를 향한 '야망'이 함께 있어야 가능하다. 노력은 그 이후에 필요한 조건이다. 야망이 없다면, 목표의식도 흐릿해지기 쉽다. 좋은 세상을 만들고, 좋은 사람이 되고 싶다는 두루뭉술하고 긍정적인 단어로 나열하기보다는 확고하고 구체적인 표현이 때론 목표의식을 더 고취한다.

'야망'은 다소 거칠고 공격적인 느낌을 담고 있기도 하지만, 이만큼 뚜렷하고 잠을 달아나게 하는 표현도 없다. 야망은 사람의 눈을 빛나게 한다.

소년이여 야망을 가져라. 아니, 우리 모두 야망을 품어보자!

만델라 가문

용서하고 또 용서하라

'용서'의 상징, 인류의 스승

2013년 12월 15일, 전 세계인의 시선이 남아프리카공화국에 쏠렸다. 남아프리카공화국 민주화의 상징인 넬슨 만델라 전 대통령의 장례식이 열린 것이다. 남아프리카공화국과 전 세계에 TV를 통해 생중계됐던 당시 장례식에는 제이콥 주마 남아프리카공화국 대통령, 만델라의 부인 그라사 마셸 여사를 비롯해 노벨평화상 수상자인 데스먼드 투투 주교, 영국의 찰스 왕세자, 토크쇼 여왕 오프라 윈프리, 미국의 인권운동가 제시 잭슨 목사 등 유명인사들을 포함해 5,000여 명이 참석했다.

주마 대통령은 추도 연설을 통해 "오늘은 남아공의 자유 투사였으며 공복(公僕)이었던 만델라의 95년에 걸친 영광스러운 여정이 끝나는 날"

이라며 "우리는 민주화된 남아공을 건국한 고인의 마지막 길에 동참할 수 있게 된 것을 영광으로 생각한다"고 경의를 표했다.

넬슨 만델라는 '용서'의 상징으로 남아프리카공화국을 통합과 화해의 국가로 이끌었다는 평가를 받는다. 그는 어린 시절부터 그의 할머니나 어머니로부터 용서라는 가르침을 교육받았다.

넬슨은 1918년 트란스케이 움타타에서 코사어를 사용하는 템부족 추장 헨리 만델라의 아들로 태어났다. 추장인 아버지 덕에 어렵지 않은 유년 시절을 보냈지만, 그가 9세 되던 해에 위기가 찾아왔다. 아버지가 백인 정부에 저항했다는 이유로 추장 자리를 박탈당한 뒤 갑작스럽게 세상을 떠난 것. 넬슨은 아버지의 대를 이어 추장이 되는 것을 포기하고 학문의 길을 걷기로 결정한다. 그는 감리교 선교 학교를 거쳐 포트헤어 대학에 진학했다. 그러나 학생운동으로 제적되면서 다시 비트바테르스란트대학에서 법률을 공부하며 무사히 졸업했다. 1952년 흑인으로는 처음으로 변호사시험에 합격하며 그의 삶도 전환점을 맞는다.

넬슨이 흑인 인권운동과 연을 맺은 것은 대학 졸업 후 시작한 아프리카민족회의(ANC) 활동 영향이 컸다. 그는 1912년 창립 이후 타협적인 흑인 자주운동에 머물렀던 ANC에 대한 비판도 마다치 않으며, 흑인 인권운동에 전투적으로 나섰다. 그러나 한 가지 분명한 원칙을 확고히 했다. 바로 용서를 기반으로 한 '비폭력 투쟁'이었다.

1948년 흑인에 대한 백인의 차별정책 '아파르트헤이트'가 공식 법률로 채택됐다. ANC와 남아프리카공화국 정부와의 충돌은 불가피했다.

넬슨 만델라는 이 악법에 대항해 악법 지키지 않기 운동을 벌였다. 단, 비폭력 투쟁이라는 단서를 달았다. 그러나 그 역시 비폭력 투쟁의 한계를 깨닫게 된다. 1960년 백인 경찰관의 무차별 발포로 흑인 69명이 무참히 살해되는 '샤프빌 학살'이 벌어진 것이다. 그는 동지들과의 격론 끝에 ANC 내부에 무장조직을 창설하기로 결정한다. 하지만 무장투쟁이 시작되기 전인 1962년 체포돼 5년형을 선고받는다. 이후 복역 중에 정부 전복 음모죄로 재판에 회부돼 종신형을 선고받기에 이른다.

넬슨은 수감생활을 통해 평정심을 되찾았다고 스스로 평가한다. 남아프리카공화국 정부에 대한 용서를 통해 감옥에 있을 때보다 마음이 더 평화로웠다는 것이다. 또 감옥 안에 학교를 세워 죄수들의 교육에 힘쓰면서 늘 용서의 마음을 가지도록 하는 데에도 애썼다.

넬슨은 수감생활 중에 암살 위기에 놓이기도 했다. 수감생활 5년째이던 1969년, 그는 한 젊은 교도관로부터 탈옥을 적극적으로 돕겠다는 제안을 받는다. 오랜 수감생활에 지친 넬슨은 그의 말에 마음이 심하게 움직였다. 그러나 쉽게 응할 수도 없는 노릇이었다. 넬슨은 고민 끝에 교도관의 제의를 거절했다. 훗날 탈옥을 제안했던 교도관은 남아프리카공화국 비밀 정보기관의 에이전트였던 것으로 알려지면서, 넬슨은 자신이 현명한 결정을 했음을 깨닫는다.

이후 넬슨은 1982년 로벤섬에서 풀스무어 형무소로 이감된다. 2년 뒤 남아프리카공화국 정부는 넬슨과 본격적인 협상을 벌여 1990년 2월 그를 석방시켰다. 그가 수감생활을 한 지 28년이 되는 해였다.

검은 대륙의 스승, 넬슨 만델라

넬슨은 28년의 공백을 채우듯 출소 후 활발한 정치 활동을 보였다. ANC 의장에 취임한 뒤 인종차별을 불식시키기 위한 민주 헌법 제정을 위해 노력했다. 이 공로를 인정받아 그는 데 클레르크 대통령과 노벨 평화상을 공동 수상한다. 1994년에는 62퍼센트의 지지율로 대통령에 당선된다. 그는 대통령 당선 이후에도 '용서'를 항상 화두로 던졌다. 넬슨은 대통령 취임사에서 "이제 남아공에서 보복은 없다"라고 말하며 세계인들에게 강렬한 인상을 남겼다.

임기 중에는 백인 경제 전문가들을 대거 중용했고, 사회 통합을 위해 진실과 화해위원회를 발족했다. 이 위원회의 목적은 하나, 만델라가 주창한 상호 이해의 정신으로 과거를 정리한 다음 국가적 통합과 화해를 도모하는 것이었다. 자신이 저지른 범죄를 고백하면 반민주 · 반인권 인사들에 대한 처벌은 절대 하지 않는 것이 기본 원칙이었다.

이에 따라 흑인들에게 공포의 대상이었던 경찰 총수 반데어 메르베도 도이가 위원회에 자진 출두해 자신의 죄를 고백한 뒤 용서받기도 했다. 물론 피해자와 이들의 가족은 범법자에 대한 처벌을 강력하게 요구했다. 하지만 넬슨은 직접 나서 "진정한 화해를 이루려고 한다면 적이라도 함께 일해야 한다. 이렇게 하면 적은 여러분의 동지가 될 것이다"라고 말하며 그들을 설득했다.

넬슨의 용서정책은 단순히 인류애적인 관점을 넘어 굉장히 지능적이고 훌륭한 정치적 움직임이었다. 용서라는 대의적 명분 아래 용서받은 자들을 사회 시스템 안으로 다시 끌어들이며 사회 통합을 이뤄낼 수 있었던 것이다. 넬슨의 용서정책이 훌륭한 정치적 전략이라고 주장하는 이유는 이렇다. 내부를 결속시키고 통합시키는 방법 중 하나가 '공공의 적'을 만드는 것이다. '외부의 적은 내부 구성원을 결속시킨다'는 말도 이 때문에 생겼다. 북한이 미국과 우리나라 등을 공공의 적으로 지목하고 터무니없는 비판을 일삼거나 무력 도발을 벌이는 것 역시 위기감을 고조시켜 내부 결속력을 강화하려는 의도가 짙다고 전문가들은 분석한다.

그러나 공공의 적 혹은 외부의 적이 발발하면 이들과 대립해야 하는 상황이 생긴다. 이 과정에서 내부의 피해도 불가피하다. 넬슨은 이 점을 고려했을지도 모른다. 내부를 결속시키면서 피를 보지 않을 방법, 가장 간단하면서도 어려운 키워드가 바로 용서다. 그는 용서를 통해 잘못을 저지른 사람들이 감동하고 고마움을 느껴 그의 정부, 사회 시스템에 녹아들게 했다.

범법자 처벌을 주장했던 피해자들은 넬슨과 함께 용서하면서 자의반 타의반으로 성숙한 인류애를 실천한 셈이다. 복수 대신에 용서를 택하며 마음의 안정을 얻었달까. 더불어 이 모든 것을 해결한 넬슨은 가해자와 피해자 양측으로부터 존경심을 얻으며 자신의 입지를 더욱 탄탄하게 만들 수 있었다.

이런 움직임은 가끔 정치판에서도 쉽게 볼 수 있다. 오바마 미국 대통령은 당선 직후 자신과 대선 경쟁을 벌였던 힐러리 클린턴을 국무부 장관으로 지명했다. 힐러리는 최측근 비서로 무슬림인 후마 에버딘을 두었는데, 에버딘의 남편은 유대교도로 전해진다. 이는 이슬람과 유대교의 통합과 화해의 좋은 예가 될 수 있다는 평가다. 적군을 아군의 중요한 자리에 앉히면서 아군의 병력을 강화시키는 것은 고대 시대부터 전해오는 오래된 일화이자 군사정책의 예이다.

'용서'에 대한 또 다른 평가

넬슨의 용서 정신은 부인에게도 똑같이 적용됐다. 그는 에벌린 은토쿄메사와 첫 번째 결혼을 했다. 그러나 종교 차이와 정치적 견해 차이 등으로 갈등을 겪다 이혼에 이른다. 이후 1956년 두 번째 부인인 놈자모 위니프레드 마디키젤라(보통 '위니'라고 부른다)와 재혼한다. 하지만 넬슨이 감옥생활을 하게 되면서 이들은 떨어지게 된다. 위니는 새 흑인의 어머니라는 별명이 붙을 정도로 흑인사회의 존경을 받았다. 그러나 서서히 변해가면서 수많은 구설에 올랐다. 1987년에는 방이 15개나 되는 호화주택을 지어 물의를 빚었다. 넬슨은 이 소식을 듣고도 그녀를 용서했다.

넬슨이 석방된 이후에도 부인의 일탈은 계속됐다. 정치적 견해가 다르다는 이유로 14세 흑인 소년을 납치해 살해한 것. 이로 인해 그녀는 6년형을 선고받았다. 넬슨은 이번에도 그녀를 용서했다. 여러 이유로 넬슨은 대통령 재임 기간인 1996년 위니와 이혼하지만, 그때에도 그녀를 향한 원망의 말은 하지 않았다고 한다.

이 부분에 대한 평가는 엇갈린다. 용서라는 넬슨의 순수성과 인류애는 존중하지만, 대통령이라는 높은 직책에 있는 상황에서 넬슨이 측근에 대한 용서는 경계했어야 한다는 지적이다. 측근들의 일탈과 비리 등은 국가와 국민에게 피해가 고스란히 넘어가게 되기 때문이다. 또한 용서라는 잣대를 들이대는 것도 국민이 해야 하는 것이지, 당사자가 결정할 문제가 아니라는 것이다. 문제가 터졌을 때 바로 원인을 찾아 해결책을 마련했어야 한다는 것이다. 해결안을 내놓기 어렵다면 마음이 아프더라도 측근의 행동을 제약시키는 등 조치를 취해 관리해야 했다는 설명이다.

우리는 대한민국 정부 수립 이후 통수권자들의 측근이 권력을 막무가내로 휘두르면서 시간적·사회적·경제적 에너지를 얼마나 많이 소모해왔는지를 지켜봐왔다. 이 때문에 대선이나 국회의원 선거에서도 측근에 대한 검증과 관리 등에서 엄중한 윤리적 잣대를 들이대고 있다. 이런 측면에서 볼 때 넬슨의 측근에 대한 용서정책은 다소 평가가 엇갈리는 부분이 있다.

서서히 만들어지는 정치 명문가

넬슨은 위니와의 사이에서 낳은 아들 마가토와 딸 진드지에게 늘 용서의 미덕을 강조했다. 감옥에서도 남아프리카공화국 정부를 원망하지 말라 자녀에게 당부했다고 한다. 진드지가 처음 면회를 와서 울면서 남아프리카공화국 정부를 원망할 때에도 용서의 마음을 잊지 말라고 당부했다. 심지어 면회실에서 처음 손녀를 만났을 때도 죽지 않고 살아 있어 이런 행복을 느낄 수 있다며 남아프리카공화국 정부에 고마움을 표했다고 한다.

마가토 역시 아버지의 가르침을 따랐다. 넬슨이 수감되고 나서 마카토는 동생 뎀베킬이 정부가 사주한 것으로 보이는 의문의 교통사고로 세상을 떠나자 울분을 토하며 과격한 행동을 할 조짐을 보였다. 그러나 마가토는 넬슨의 설득으로 마음을 다잡고 공부해 변호사로 활동을 이어가게 된다. 그는 변호사가 된 다음에도 아버지를 대리해 군중 집회에 참석해 연설했으며, 정치인으로 성장할 움직임을 보였다. 하지만 54세의 나이에 에이즈로 목숨을 잃으면서 무산됐다. 이때에도 넬슨은 아들의 사망 원인을 숨기지 않고 솔직하게 밝히면서 죽은 아들에 대한 용서를 세상에 구했다고 한다. 이 부분 역시 얼마나 아름답게 볼 것이냐에 대해서는 의견이 엇갈린다.

넬슨은 아들을 잃었지만, 손자를 통해 위대한 정신을 계승했다. 마가토의 아들 만들라 만델라가 할아버지, 아버지의 뒤를 이어 왕성한 활동을 펼쳤다. 그는 이스턴 케이프주에 속한 로드대학 정치학과 학생이었다. 그러나 아버지가 사망하면서 2년 후인 2007년 증조할아버지에 이어 87년 만에 이스턴 케이프주의 음베조 지역에서 추장 자리에 올랐다. 추장 취임식에서 만들라는 흑인 종족 내부의 화합, 백인과의 협조 등을 강조해 찬사를 받았다. 추장 자리를 되찾은 감격적인 순간, 할아버지와 가문에 대한 회한에 찬 연설을 할 법도 한데도 말이다.

만들라는 2009년 넬슨을 도와 요하네스버그에서 열릴 예정이었던 화해와 화합 주제의 세계평화회의를 준비했다. 이어 같은 해에는 할아버지의 대를 이어 정치권에 입문, ANC 후보로 의회에 진출했다.

📷 용서와 화합을 추구했던 넬슨 만델라의 나라, 남아프리카공화국

이루지 못한 넬슨 만델라의 꿈

불과 20여 년 전까지도 인종차별을 법적으로 허용했던 나라, 남아프리카공화국은 여전히 인종차별의 잔재가 남아 있다. 이런 모습은 뉴스와 남아프리카공화국 사람들의 의식 수준을 세세하게 살펴보지 않아도 눈에 띄게 드러난다.

남아프리카공화국 케이프타운에서 활동하는 사진작가 조지 밀러는 드론을 활용해 여러 사진을 찍어 이를 공개했다. 그는 남아프리카공화국 빈부 격차와 여전히 존재하는 인종차별의 잔재를 고발하기 위해 '불평등한 장면들' 프로젝트를 진행하고 있다. 밀러가 공개한 사진을 보면 도시가 이등분돼 있다. 한쪽은 넓은 주택과 녹지, 도로를 잘 갖춘 부촌의 모습이고, 반대편은 바둑판처럼 작은 집들이 다닥다닥 붙어 있는 빈민촌 모습이다. 이 두 도시 사이에는 넓은 녹지 공간과 벽이 놓여 있다. 밀러는 "아파르트헤이트가 종식된 지 이십이 년이 지난 지금까지 과거의 장벽들과 불평등이 존재한다"고 지적했다.

남아프리카공화국의 거주지 분리정책은 1948년 백인 정권이 들어선 이래 1994년 넬슨이 대통령에 당선돼 최초의 흑인 정권이 들어서기까지, 반세기에 걸친 아파르트헤이트 기간에 이뤄졌다. 유색인종을 분리하려고 강, 숲, 장벽 등의 완충지대를 만들어 왕래를 차단한 것이다. 지금 인종차별의 제도적 장치는 사라졌지만 생활 속 잔재는 여전히 남아 있다.

남아프리카공화국은 상위 10퍼센트가 전체 소득의 58퍼센트를 차지하는 것으로 알려져 있다. 백인과 유색인종의 경제력 차이도 좁혀지지 않고 있다. 넬슨이 조금 더 오래 살았다면, 혹은 그가 28년이라는 긴 시간을 감옥에서 보내지 않았다면 남아프리카공화국의 지금 모습은 달라져 있을지도 모른다.

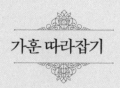

가훈 따라잡기

'용서할 때 용서할 줄 아는 용기를 갖자.'

넬슨 만델라는 일평생 용기를 냈던 사람이다. 타인의 잘못을 용서하고 받아들이는 데에는 대단한 용기가 필요하다. 우리는 피해를 보거나 상대방의 잘못을 놓고 쉽게 용서하는 마음을 가지기 어렵다. 오히려 복수의 칼을 갈거나 비난의 화살을 쏘곤 한다. 그만큼 용서는 오랫동안 인격을 수행한 성인군자나 가능한 일일지도 모른다.

그러나 용서가 무조건 옳은 것은 아니다. 조건 없는 용서는 오히려 잘못을 저지른 사람에게 그릇된 판단과 경험을 줄 수도 있다. 용서는 잘못을 저지른 사람에게 관용을 베풂으로써 잘못한 이가 스스로 잘못을 깨우치고 교화하는 데 그 목적이 있다. 뉘우침이 없는데 용서를 한다는 것은 면죄부만 쥐어주는 꼴이 될 수 있으니 이를 잘 구분해서 정말 용서가 필요할 때 용서해주는 지혜가 필요하겠다.

용서하지 않았다고 해서 비난받을 이유도 없다. 용서는 온전히 베푸는 사람의 몫이기 때문이다. 그렇기에 넬슨처럼 용서하는 삶을 살라고 강요하고 싶지는 않다. 다만, 용서해줘야 할 때는 과감하게 용서를 베푸는 용기가 필요하다 말하고 싶다. 어디까지나 마음에서 우러나오고, 용서를 통해 내 마음이 편안해진다면 말이다.

5

링컨 가문

성실이라는 덕목보다 훌륭한 유산은 없다

이상적인 사람의 '다리 길이'

에이브러햄 링컨과 관련해 전해 내려오는 아주 유명한 이야기가 있다. 백악관에서 보좌관들의 갑론을박이 벌어졌다. 사람의 다리가 긴 것이 보기 좋은지, 짧은 것이 보기 좋은지를 놓고 논쟁을 벌인 것이다. 다리가 긴 사람은 '롱다리'가 보기 좋다 주장했고, 그렇지 않은 이들은 '숏다리'가 보기 좋다 주장했다. 때마침 백악관에 들어선 링컨을 향해 보좌관들이 짓궂은 질문을 던졌다.

"각하, 각하는 사람의 다리가 긴 것이 보기가 좋습니까? 아니면 짧은 것이 보기 좋습니까?"

엄마와 아빠 중에 누가 더 좋은지를 묻는 황당하고 유치한 질문이었다. 어느 하나를 선택해야 하는 이분법적 질문이었지만, 링컨은 이를 슬기롭게 넘긴다. 그가 남긴 답변은 보좌관들의 탄성을 자아냈다.

"사람의 다리는 허리에서 시작해서 땅에 닿기만 하면 가장 보기 좋지요."

링컨의 우문현답 사례를 잘 보여주는 일화다. 링컨은 미국인들이 사랑한 역대 대통령 가운데 한 사람으로 거론되며 여전히 높은 인기를 구가하고 있다.

링컨의 원동력, '성실'

링컨 가문은 17세기 말 영국에서 미국 매사추세츠주로 이민을 왔다. 링컨의 할아버지는 버지니아주를 거쳐 켄터키주로 이주했는데, 이 때문에 그는 1809년 켄터키주 하젠빌의 외딴 오두막에서 태어났다. 당시 켄터키는 북아메리카 신개발 지역의 바깥에 위치한 황야 지대였다. 링컨의 아버지 토머스는 목수 일을 하면서 가구 만드는 일과 농사, 사냥 등으로 생계를 이어갔다. 링컨의 어머니 낸시는 버지니아주 크릭 출신이었다.

링컨의 어린 시절은 넉넉하지 못했다. 링컨 가족은 켄터키 농장 소유권과 관련해 송사에 휘말렸고, 불행하게도 패소했다. 토머스는 가족을 이끌고 인디애나주 남서부로 거처를 옮겼다. 이어 1830년 링컨 가족은 일리노이주로 두 번째 이사를 단행했고, 토머스는 농장을 운영하고 선원생활을 하며 생계를 이어갔다. 문맹이었던 부모처럼 그 역시 정규 교육을 받을 기회가 없었지만, 독학으로 법률을 공부해 변호사시험에 합격했다.

링컨의 선조들은 항상 '성실'을 강조했다고 한다. 링컨의 아버지가 가난 속에서도 집안을 조금씩 일으키며 생계를 이어간 것 역시 성실함 덕분이었다. 링컨도 성실함을 밑천으로 공부해 변호사시험에 합격할 수 있었다. 링컨의 어머니도 성실한 인물로 평가받고 있다. 평생 황무지를 개간하는 가난한 개척자의 아내로 살아오면서 농사일과 허드렛일로 집안을 돌봤다. 그러다가 낸시가 세상을 떠났고, 사라가 새어머니가 되었다. 그녀는 링컨을 가리켜 "내가 봐왔던 아이들 중 가장 똑똑한 아이"라고 말하며 그를 매우 사랑했다고 한다.

링컨은 밤늦게까지 책 읽는 것을 좋아했다. 촛불이 다 타들어가는 것도 몰랐을 만큼 독서에 빠져 살았다. 사라는 링컨의 독서를 지지해주며 항상 그를 응원했다. 링컨이 책을 읽을 때는 스스로 그만둘 때까지 방해하지 않았으며, 링컨을 위해 양초와 책꽂이도 준비해줬다. 또 화로를 마련해 링컨이 책을 읽도록 도왔다. 그러나 토머스는 그런 링컨이 못마땅했다. 어느 날 토머스가 불만 섞인 목소리로 말했다.

"에이브러햄은 어떻게 해야 할지 모르겠어. 책 읽는 것만 좋아하니 이러다가 게으름뱅이가 되는 건 아닐까!"

하지만 사라는 그렇게 생각하지 않았다.

"에이브러햄이 게으르다고요? 저는 그 아이만큼 부지런한 애는 없다고 생각해요. 그 애가 일하는 것을 보면 어른 못지않다고요."

토머스는 그런 사라의 의견에 동의하지 않았다.

"물론 일은 잘하지. 하지만 일하는 걸 조금도 좋아하지 않아. 오직 책에만 관심이 있으니 그게 문제지."

사라가 맞받았다.

"잘된 일 아닌가요? 공부하기를 좋아하는 애는 드물어요. 이 아이는 장차 훌륭한 사람이 될 거예요."

링컨이 대통령이 될 수 있었던 이유

링컨의 독서 습관은 훗날 변호사가 되는 데 큰 힘으로 작용했다. 변호사생활은 링컨 인생의 전환점이 되었다. 경제적으로 안정된 생활을 누릴 수 있었고, 정치 관련 사건 변론에서도 두각을 나타내면서 유명세를 치렀다. 그는 곧 일리노이주에서 저명하고 성공한 변호사 반열에 오른다. 경제적으로 안정되자 결혼에도 성공한다. 링컨은 켄터키주 상류층 출신인 메리 토드와 결혼했고, 그의 삶은 안정기에 접어든다.

결혼 후 링컨은 일리노이주에서 휘그당 의원으로 네 차례에 걸쳐 당선됐으며, 연방의원에도 당선됐다. 그는 멕시코 전쟁의 영웅으로 유명한 휘그당의 재커리 테일러를 대통령으로 당선시키는 데 일등 공신 역할을 하며 정치적 입지를 구축해 나아갔다. 그러나 테일러로부터 공을 인정받지 못하면서 링컨은 연방의원 자리에서 물러났다. 링컨은 변호사로 다시 돌아가 사실상 정계 은퇴의 행보를 보였다.

이후 5년의 공백기를 거쳐 1860년 시카고에서 열린 공화당 전당대회에서 대통령 후보로 선출되며 화려하게 재기했다. 링컨이 대통령이 된 배경에는 그의 솔직함과 성실함이 있었다. 링컨은 기본적으로 선거를 치르기에는 경제적 배경이 부족했다. 선거운동에 필요한 자가용조차 마련하지 못할 정도였다. 그의 라이벌이었던 스티븐 더글러스 민주당 후보가 대형 자가용과 수행원을 이끌고 선거 유세를 펼쳤던 것과는 상당히 대조적이다. 그러나 링컨은 이를 약점으로 생각하지 않았다.

어느 날 친구들이 급히 마련해준 마차 위에서 연설할 기회가 주어졌을 때의 일이다. 링컨은 유권자들을 향해 혼신을 다해 외쳤다.

"어떤 사람이 제게 편지를 보내 재산이 얼마나 되는지 물었습니다. 저는 숨길 것이 없습니다. 부인 한 명과 아들 한 명이 있다고 솔직하게 대답했습니다. 이들은 그 어느 것과도 바꿀 수 없는 가장 소중한 보물들입니다. 이 밖에도 저는 개인 사무실 하나를 가지고 있죠. 사무실에는 테이블 하나와 의자 세 개도 있습니다. 구석에는 읽을 만한 가치가 있는 책이 가득한 책장도 하나 있죠. 여러분, 저는 정치인치고는 가난합니다. 의지할 만한 것도 별로 없습니다. 제가 의지할 것이라고는 오로지 훌륭한 심판을 해줄 현명한 유권자 여러분뿐입니다."

유권자들이 그의 연설에 감동했음은 물론이다. 이때부터 그에게 '성실한 에이브'라는 별명이 붙었다고 한다.

사람들은 링컨의 연설에서 진실함이 묻어난다고 평가했다. 그는 돈이 없었기 때문에 경선 때 타고 다닐 차를 살 수도 없었다. 그래서 주로 기차를 타고 다녔는데, 자리가 없을 때도 있었기 때문에 짐을 많이 가지고 다니지 않았다 한다.

이런 링컨의 모습은 대중에게 특권의식이 없는 인물이라는 인상을 심어줬고, 서민적이고 친근하다는 공감대를 이끌어냈다. 대중은 자신들보다 지식이 많고, 좋은 배경을 가진 인물을 원한다. 평범한 사람들보다 나은 인물이 대중을 잘 이끌 것이라는 기대감 때문이다. 일종의 계몽 기대심리 같은 것이다.

그러나 흔히 가진 자들은 소외된 사람들의 목소리에 귀를 기울이지 않고, 때론 더 많은 기득권을 챙기기도 한다. 이에 싫증을 느낀 대중은 다시 평범한 리더를 찾아 나선다. 대부분의 사람처럼 평범한 가정환경 혹은 어려운 성장 과정을 거쳐 무언가를 이뤄낸 사람에게 열광하는 것이다. 대중은 이 리더에게 감정이입을 하면서 일종의 대리만족을 느낀다. 동시에 그와 자신을 동일시하며 동질감을 느끼기도 한다. 결과적으로 대중은 자신보다 나은 출신의 리더를 원하는 한편, 자신과 비슷한 환경에서 시작해 성공을 이룬 리더에게 공감대를 느끼는 다양한 심리를 보이는 것이다.

링컨은 유명 대학과 유명인사들을 대거 배출한 가문 출신은 아니었다. 그는 이민 가정의 출신이었고, 어려운 어린 시절을 거쳐 역경을 딛고 자아실현을 이룬 인물이었다. 어떻게 보면 가장 '미국스러운' 집안 출신의 대통령인 셈이다. 링컨은 자신의 부족함을 포장하려 하지 않았고, 있는 그대로를 진실하게 대중 앞에 전달했다. 그리고 그는 떳떳했고 자신감이 잔뜩 묻어난 말들을 내뱉었다. 대중은 그런 그에게 환호했다.

성실한 에이브

링컨은 평소 '성실이라는 덕목보다 더 훌륭한 유산은 없다'는 가르침을 늘 입에 달고 살았다. 이는 그의 자녀들에게도 고스란히 전해졌다. 링컨에게는 아들이 셋 있었지만, 어렸을 때 하나씩 세상을 떠났다. 그래도 하나 남은 큰아들 로버트 토트 링컨은 아버지 못지않게 훌륭한 인물로 성장했다.

로버트는 제임스 가필드 대통령 시절인 1881년 육군 장관에 임명된 뒤 1889년부터 영국 주재 공사로 활약했다. 당시 그는 조국인 미국의 이익을 위해 성실하게 최선을 다해 일했는데, 영국으로부터 역대 미국 주영 공사 중 유일하게 친영파가 아니라는 혹독한 비난을 들었다.

로버트는 아버지에 이어 대통령이 될 기회도 가질 뻔했다. 공화당이 그를 대통령 후보로 내세우려고 했던 것이다. 하지만 그는 단호하게 이를 거절했다. 정치에 대한 혐오감도 있었고 정치를 하게 되면 성실한 생활과 거리가 먼 삶을 살 수도 있다는 우려 때문이었다.

로버트는 정치와 거리를 두려고 했지만, 그의 삶은 항상 정치와 맞닿아 있었다. 그는 상원의원의 딸인 매리 하알런과 결혼했다. 대통령 출신의 아버지, 상원의원의 딸인 아내, 이 모든 것은 그가 원하지 않았다 해도 자연스럽게 링컨 가문과의 연결 고리가 되었다. 로버트는 딸 둘과 아들 하나를 낳았다. 하지만 불행히도 아들 에이브러햄 링컨 2세는 16세 때 요절하고 말았다. 이로써 링컨 가문의 대는 완전히 끊겼다. 남아 있는 후손은 방계 혈족뿐이다.

링컨 가문은 끊겼지만, 그 집안의 '성실'이라는 교훈은 미국 사회에 다른 형태로 온전히 전해 내려오고 있다. 일리노이주 소재 89개 학교 이름이 링컨과 연관돼 있고, 스프링필드 도심에 위치한 링컨 기념 도서관과 박물관에는 수많은 방문객의 발길이 이어지고 있다. 미국의 수많은 학교와 가정에서는 '성실한 에이브처럼 돼라'는 교육을 끊임없이 해오고 있다.

링컨에 대한 엇갈린 평가

미국인들이 사랑한 역대 대통령에 항상 꼽히는 링컨은 노예제도 폐지로 유명하다. 그러나 이를 두고선 평가가 엇갈린다.

당시 미국은 북부와 남부로 나뉘어 노예제도 폐지 찬반을 놓고 대립하고 있었다. 당시 세계 면화 생산량의 70퍼센트를 차지할 만큼 융성했던 남부는 흑인 노예의 노동력이 절대적으로 필요했다. 남부에서 전체 인구의 약 30퍼센트가량이 흑인이었으니 노예제도 폐지에 반대하는 것은 당연한 일이었다.

반면, 북부는 흑인 비율이 전체의 약 1퍼센트에 지나지 않았다. 북부는 당시 무역과 공업이 크게 발달하지 않았지만, 산업화·도시화로 많은 노동력이 필요했다. 이 다수의 노동력을 충족하기 위해 흑인 노예제도 폐지는 꼭 필요한 일이었다. 이렇게 해서 남과 북의 대립으로 남북전쟁이 일어난다.

결국 링컨은 흑인 노예제도 폐지 등 인권 문제에 크게 관심 없었지만, 그의 유권자들이 이를 원했기 때문에 정치적 필요에 따라 노예제도 폐지를 선언했다는 것이 남북전쟁과 링컨을 부정적으로 보는 측의 견해다. 더욱이 노예 해방 자체가 사유재산보호를 기초로 만들어진 독립선언문과 헌법에도 어긋나기 때문에 변호사 출신의 링컨이 스스로 이를 부정하면서까지 노예제도 폐지를 주장했다는 것 자체가 순수하지 않다는 지적도 나온다.

남북전쟁 과정에서 발생한 수많은 인명 피해도 링컨의 발목을 잡고 있다. 남북전쟁 당시 링컨의 명을 받은 그랜트 장군은 12만 2,000명의 연방군을 이끌고 전쟁에 임했다. 북군과 남군 양측의 사상자는 엄청났다. 줄곧 완강했던 그랜트 장군도 무기력하게 장막으로 돌아와 눈물을 삼키곤 했다.

그랜트의 병력은 남군의 두 배였다. 병사 조달이 원활하지 않았던 남군이 요람의 갓난아기나 곧 무덤에 들어갈 노인까지 동원한다는 그랜트의 보고가 나오기도 했다. 그랜트 수하의 한 단장은 "삼십육일 동안 운구 행렬이 끊이질 않습니다"라고 말했다. 그러나 링컨은 그랜트에게 '사냥개처럼 끝까지 사수'할 것을 명령했다. 50만의 사병을 재모집하고 복무 기간도 1년에서 3년으로 늘렸다. 이때 링컨은 남쪽과 북쪽의 모든 국민에게 저주를 받았다. 공화당 내부에서도 배척당했고, 지지자들도 회의의 눈길을 보냈다.

링컨은 동정심이 많은 사람이었지만, 무수한 젊은이의 목숨을 앗아간 전쟁을 멈추지 않았다. 전쟁을 둘러싼 여론이 악화됐지만 그는 신랄한 질책에도 아랑곳하지 않고 자기 의지대로 밀어붙였다. 링컨은 전쟁을 계속하는 것 외에는 달리 방법이 없다고 생각했다. 또한 결과를 위해서는 과정에서의 일부 희생은 불가피하다고 판단했던 것 같다. 이런 세간의 비판과 전쟁 속 병사들의 비명을 그도 잘 알고 있었다. 그리고 링컨은 이에 괴로워했다. 링컨은 정의를 갈망했던 자신의 진심을 표현하며 이렇게 말했다고 한다.

"이 전쟁은 나를 죽일 것입니다. 내가 세상을 떠났을 때, 사람들이 나에 대해 이렇게 말해준다면 얼마나 좋겠소. '그는 온 세상에 꽃이 자랄 수 있다고 믿었다. 그 신념을 위해 가시덤불을 뽑고 꽃모종을 심었다'라고."

링컨이 흑인 인권에 순수한 열정을 가졌었는지는 모르겠지만, 결과적으로 노예제도 폐지는 링컨의 업적으로 남았다. 정치라는 것이 결국에는 표와 직결되는 것이고, 유권자의 입김에 따라 정치인의 행보와 정책도 변화된다. 다만, 그 방향성이 중요하다. 링컨이 원했든 혹은 원치 않았든 노예제도 폐지는 결국 실현되었고, 인종평등주의의 밑바탕이 되었다. 그리고 흑인은 미국 사회의 중요한 시민으로서 커다란 역할들을 해내고 있다.

링컨 시대에 노예제도가 폐지되지 않았다면 오바마 대통령이 나올 수 없었을 테고, 수많은 미국 흑인 스포츠 스타와 뮤지션도 존재하지 않았을 것이다.

무대 위 스타에게 조명을 비출 때는 인물의 눈부신 얼굴과 함께 반드시 그림자가 생기게 마련이라고 하지 않던가! 성실함 속의 링컨과 눈부신 링컨의 업적, 그리고 그 이면에 숨겨진 사회적·정치적 배경들……. 링컨이라는 인물의 삶을 이해하기 위해 역시 밝은 부분과 어두운 단면을 모두 살펴볼 필요성이 있다.

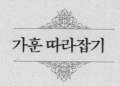

'나 자신에게 성실하자.'

우리는 어렸을 때부터 성실함의 중요성을 교육받는다. 성실하게 학교에 가면 개근상을 받고, 회사에서도 성실하게 생활하면 승진을 하고 상사로부터 인정받는다. 그러나 이 성실이라는 단어에 대한 포장지를 조금 벗겨냈으면 좋겠다. 하루도 빠짐없이 등교해 개근상을 받았지만, 정작 수업시간에 딴생각을 했다면 성실하게 학교에 다녔다고 할 수 있을까? 매일같이 회사에 가장 일찍 출근하고 가장 늦게 퇴근하며, 책상 앞에 오래 앉아 있었다고, 진정한 의미의 성실한 사람이라고 할 수 있을까?

대체로 성실함은 타인을 평가할 때의 척도이자 타인의 관점에서 평가되는 단어이다. 내가 어떻게 생활하는가는 그리 중요한 평가 요소가 아니다. 그러니 타인에게 보이는 성실함은 버렸으면 한다. 타인이 바라보는 성실의 관점에서 벗어나, 자신에게 성실한 사람이 되자. 타인의 관점이 아닌 스스로의 꿈과 양심에 빗대어 볼 때, '얼마나 성실하게 오늘 하루를 보냈는가?', '내 꿈을 이루기 위해 얼마나 성실히 움직였는가?'를 한 번쯤 고민해보면 좋을 것 같다.

PART 4

명문가,
학문을 품다

노벨 가문

남자이든 여자이든 평화를 실현하라

존경받는 과학자

알프레드 노벨을 비롯한 많은 과학자가 세계 과학사에 큰 획을 긋는 업적을 달성했다. 그럼으로써 인류 문명을 한 단계 진보시켰다. 존경받는 과학자들은 과학사에 남긴 연구 업적 말고도 또 다른 공통점을 가지고 있다. 그들은 발명 및 발견한 연구 업적이 올바른 곳에 사용되길 원했고, 이를 끊임없이 걱정하고 고민했다. 과학은 끝없는 호기심을 충족시키는 삶의 원동력이었지만, 양날의 칼과 같아 과학자들에게는 엄격한 윤리적 잣대가 요구되었다. 그래서 이들 과학자는 문명의 혜택에 앞서 인류의 과학윤리를 동시에 고민하며 스스로 존경받는 과학자의 모습을 만들어갔다.

'죽음의 상인'이라 불렸던 노벨 가문

알프레드 노벨은 1833년 스웨덴 스톡홀름에서 임마누엘 노벨의 8남매 중 셋째 아들로 태어났다. 임마누엘은 건축업자 겸 발명가였다. 그러나 연이은 사업 실패로 고국을 떠나 핀란드를 거쳐 러시아에 정착했다. 그는 이곳에서 황제 니콜라이 1세의 신임을 얻어 지뢰와 수뢰를 비롯한 각종 군수품 제조공장을 차렸다.

생활이 안정되면서 스웨덴에 있던 가족들도 상트페테르부르크로 이주했다. 이 때문에 노벨의 정규교육은 8세 때 스톡홀름에서 학교를 1년간 다닌 것이 전부였다. 러시아에서 그는 가정교사를 통해 러시아어, 독일어, 영어, 프랑스어 등을 익혔는데, 이때부터 과학에 재능을 보였다. 노벨은 17세 되던 해에 아버지의 지시로 유럽과 미국을 여행하며 견문을 넓혔다.

노벨 가문은 아버지의 사업 확장으로 러시아에서 승승장구했지만 이내 위기를 맞는다. 1854년 크림 전쟁이 발발하자 임마누엘의 회사는 러시아군에 지뢰와 수뢰 등을 납품했지만, 이듬해 니콜라이 1세가 사망하면서 사업에 변화가 생긴 것이다. 후계자인 알렉산드르 2세가 군수품 공급계약을 파기하자 임마누엘의 회사는 파산한다. 그는 러시아를 떠나 고국 스웨덴으로 돌아온다.

노벨은 30세부터 아버지와 함께 나이트로글리세린 연구를 시작했다. 나이트로글리세린은 무색투명의 액체로 진동이나 충격에 쉽게 폭발하는 성질이 있었다. 기존의 흑색 화약보다 폭발력이 강했지만, 폭발력은 그대로 유지하면서 안전성을 높이는 것이 관건이었다. 노벨은 아버지와 함께 이 물질을 연구했고, 곧이어 독자적인 아이디어로 신형 뇌관과 액체 폭약을 개발해 특허를 얻었다.

1864년 노벨 가문 소유의 공장에서 폭발 사고가 일어나 노벨의 막냇동생을 비롯한 5명이 사망했다. 곧이어 아버지마저 뇌졸중으로 쓰러지면서 노벨은 공장 운영을 맡는다. 그는 투자자를 모아 나이트로글리세린 주식회사를 설립했고, 사업은 번창해 이듬해인 1865년 함부르크에 지사를 세우며 점차 규모를 키워갔다.

1876년부터 노벨은 나이트로글리세린을 활용한 고체 폭약을 '노벨의 안전 화약'이라는 이름으로 판매했다. 그 상표명인 다이너마이트는 훗날 이 물건을 지칭하는 일반명사가 됐다. 다이너마이트는 영국, 스웨덴, 미국에서 특허를 얻었고 채굴이나 건설 산업에서 널리 사용됐다.

다이너마이트는 노벨에게 성공과 부를 가져다줬지만, 아이러니하게도 인명 살상 등 부정적인 용도로 사용되는 일이 비일비재해지면서 노벨의 악명을 높이는 데 일조했다. 여기에 스웨덴 출신으로 프랑스에서 활동하는 노벨을 겨냥한 국수주의적 비난과 공격이 난무하고, 프랑스인 동업자가 파나마 운하 건설 관련 비리 사건에 연루되면서 환멸을 느낀 노벨은 은퇴를 선언하고 경영에서 물러난다.

1888년, 그의 남동생 루드비그가 사망했을 때 이를 알프레드와 혼동한 프랑스의 한 신문이 '죽음의 상인, 사망하다'라는 표제하에 '사람을 더 많이 더 빨리 죽이는 방법을 개발해 부자가 된 인물'이라고 깎아내리는 부고 기사를 내보내기도 했다.

이를 보고 깜짝 놀란 노벨이 속죄를 위해 재산을 기부하기로 했다는 주장도 나온다.

노벨상 시작에 대한 다양한 의견

동생이 사망한 것을 놓고, 그 자신이 사망했다는 오보가 나가면서 노벨은 상당한 충격을 받은 것으로 전해진다. 그동안 다이너마이트 발명으로 세계 역사를 바꾼 위대한 인물로 평가받았다고 생각했는데, 자신의 부음 기사에 '죽음의 상인', '피로 부를 이룬 백만장자'라는 수식어가 붙자 상실감이 컸다는 것이다. 이 때문에 그는 8년 동안이나 동생 대신 자신이 죽었다는 기사의 오보 수정 요청을 하지 않았다고 한다. 일각에서는 자신에 대해 혹독하게 폄훼하는 시선에 자신의 생존을 알린다 하더라도 공적이 달라지기 힘들다는 판단을 했을 것이라는 분석도 나온다.

결국 노벨은 8년 동안 자신의 삶을 되돌아보며 새롭게 평가받는 방법을 고민한 끝에 노벨상을 만들기로 결심했다는 견해가 있다. 특히 다이너마이트가 전쟁은 물론 살상 용도의 군사 무기로도 이용되면서 노벨에 대한 부정적인 시각이 커졌고, 양심의 가책을 느낀 노벨이 속죄하는 뜻에서 노벨상을 계획했을 것이라는 추측이다.

또 다른 의견은 노벨이 막대한 부를 축적했지만, 자신의 유산을 물려줄 후손이 없었기에 노벨상을 제정했다는 분석도 있다. 노벨은 43세 때

스무 살 어린 소피 헤스와 사랑에 빠져 18년 동안이나 인연을 유지해왔다. 하지만 그녀의 사치에 연을 끊은 것으로 전해진다. 훗날 그녀는 노벨이 사망하자 자신과의 관계를 증명하겠다며 편지를 비롯한 증빙서류를 제출했지만, 노벨의 유언장에는 그녀에 대한 언급이 없었다고 한다.

노벨상이 만들어지기까지

인류에게 혜택을 가져다준 과학 결과물들이 평화에 사용되길 원했던 노벨은 노벨상 제정을 꿈꿨다. 그는 평화운동가 베르타 폰 주트너에게 보낸 편지에서 '나는 기꺼이 내 유산의 일부를 한 재단에 기부해 5년마다 수여되는 상을 제정하고 싶다. 남자이든 여자이든 유럽에서 평화의 실현에 가장 공로가 큰 인물에게 상을 수여하고 싶다'고 밝힌 것으로 전해진다. 노벨이 자신의 이름을 딴 상에 대해 언급한 것은 이때가 처음으로 알려졌다.

노벨은 협심증 진단을 받은 1896년 63세의 나이로 산레모의 자택에서 별세했는데, 당시 그의 유언장이 세상의 이목을 끌었다. 유언에는 그의 유산을 학문과 진보의 전 분야에 걸쳐 가장 중요하고 선구적인 발견이나 정신적 작업에 대한 포상으로 나눠주게 하라는 내용이 담겼다. 이에 따라 일가친척에게 나눠준 유산 20퍼센트와 병원·의학연구소 기부금 17퍼센트를 제외한 모든 유산이 노벨상 제정에 쓰이게 된다.

그는 유언장에 구체적인 유산 사용법도 제시했는데, 위의 37퍼센트를 제외한 나머지 금액은 기금을 만들어 스톡홀름 학술원에 기증하겠다고 밝혔다. 학술원은 매년 이 기금에서 나오는 이자를 생리학과 의학을 제외한 학문과 진보의 전 분야에 대해 포상금을 지급하고 있다. 노벨은 이 모든 상이 스웨덴인이든 외국인이든, 또 남자이든 여자이든 차별하지 말고 공로가 가장 큰 사람에게 수여되어야 한다고 당부했다.

그러나 노벨의 유언장이 공개된 직후 스웨덴 내부에서는 이 상의 제정을 놓고 격렬한 비난이 일어났다. 노벨의 일가친척은 정당한 유산을 엉뚱한 상(노벨상)에 빼앗기게 되었다 생각하고 법적 대응을 고려했다. 수상자 선정에서 국적이나 성별을 따지지 말라는 유언 때문에 스웨덴 국민 사이에서는 국부를 해외로 유출하는 몰지각한 처사라는 비난도 나왔다.

논란 와중에 설립된 노벨재단은 노벨의 유언을 실현하는 데 본격적으로 착수했다. 총 3,300만 크로나(오늘날 가치 약 2억 달러 이상)로 집계된 노벨의 유산 중 세금을 제외하자 3,100만 크로나가 남았다. 이 중 2,800만 크로나가 노벨상 기금이고, 나머지는 운영 기금이 되었다.

노벨이 과학자였으니 과학 분야의 상 제정은 당연해 보이지만, 문학상과 평화상은 의외로 보일 수도 있다. 하지만 이 두 분야 역시 그의 개인적 관심이 반영된 결과였다. 노벨은 평생 문학을 가까이하며 시와 소설을 습작했고, 당대의 여러 평화 운동가들과도 친분을 유지했다.

호기심에서 출발한 과학, 그 끝은 '인류애'로

노벨상을 제정한 노벨과 노벨상을 수상한 많은 과학자는 과학과 인류의 평화, 과학의 위험성과 부작용을 함께 고민해왔다. 노벨상을 수상한 과학자들은 끊임없는 도전 정신과 호기심, 끈기로 인류를 진보시킨 인물로 평가받으며 후대에게 존경받고 있다. 이들은 시대가 요구하는 진정한 과학자의 책임과 의무가 무엇인지를 보여줬다.

존경받는 과학자 가문의 윤리와 사회적 책임은 그리 어렵지 않아 보인다. 인류의 평화를 위해 과학을 활용하고, 과학이 잘못된 방향으로 사용되는 일을 막기 위해 애쓰는 것. 존경받는 과학자들이 보여준 삶의 방식이었다. 그러나 이를 실천하기란 쉽지 않다. 과학의 시작은 '호기심'이지만, 과학의 끝은 '인류애'이다. 노벨상을 만든 노벨과, 이를 수상한 많은 과학자는 과학이 인류의 평화를 위해 사용되길 염원하고 있다.

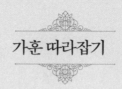

가훈 따라잡기

과학자들은 호기심이 왕성하다. 주변 사물과 환경에 항상 '왜'라는 질문을 던지며 끊임없이 고민하고 관찰한다. 왕성한 호기심은 과학의 원천이자 현대 과학의 근원이다. 노벨 역시 호기심 많은 학자였고 그 호기심을 인류애라는 기본 원칙 아래 구현하려고 노력했다. 인류를 위한 과학, 세계 평화를 위한 과학을 염원한 것이다.

우리가 노벨을 통해 배워야 할 점은 성과주의 과학이 아닌 과학의 끝이 향하는 궁극적 지향점을 명확히 인지하고 과학에 몰두해야 한다는 것이다. 일본에서는 오보카타 하루코라는 여성 학자가 일명 '만능세포' 연구 결과를 발표해 주목받았지만, 논문 조작 사실이 밝혀지면서 큰 파장을 일으켰다. 우리나라도 과거 이와 비슷한 사례가 있었다.

이는 눈앞의 인기와 결과물에 대한 집착이 낳은 사건들이다. 과학이 발달할수록 더 새롭고 자극적인 성과를 원하는 우리 사회의 문제점은 아닌지 돌아봐야 한다. 과학은 그 과정만으로도 위대한 역사이고, 인류를 발전시키는 원동력이다. 과학뿐만 아니라 우리 삶의 모든 것이 그렇다. 도전하는 과정은 그 자체만으로 충분히 위대하다. 그것이 실패한다고 해도 말이다.

퀴리 가문

사회적 책임을 다하라

4대째 과학자를 배출한 가문

오늘날 병원뿐 아니라 일상생활에서 다양하게 사용되는 방사성 물질인 라듐을 발견하고, 나아가 인공 방사선 연구로 과학 기술을 발전킨 퀴리 가문. 4대째 과학자를 배출하고 있는 이 가문은 노벨상에 관한 한 '왕가(王家)'라 할 만하다.

퀴리 가문이 노벨상과 인연을 맺은 것은 마리 퀴리가 1903년에 방사능을 발견한 공로로 노벨 물리학상을 받으면서부터다. 최초의 여성 수상자였던 그녀는 순수한 라듐을 분리한 공로로, 1911년에 다시 노벨 화학상을 받으며 노벨상을 두 번 수상한 최초의 과학자라는 기록도 세웠다. 특히, 물리학상은 남편인 피에르 퀴리와 함께 수상해 당시 세계인의 눈길을 끌었다.

마리의 딸 이렌 역시 인공 방사성 원소의 발견으로 1935년 노벨 화학상을 받으면서 퀴리 가문은 2대에 걸쳐 노벨상을 수상한 대표적인 과학자 집안이 된다. 이렌의 남편 장 프레데릭 졸리오 퀴리도 노벨 화학상을 받아 높은 귀감을 샀다.

퀴리 가문은 4대에 걸쳐 과학자를 배출한 것으로도 유명하다. 이렌의 딸 엘렌도 물리학자가 되었고 엘렌의 두 자녀도 과학자로 이름을 떨치면서 4대째 과학자를 배출하는 가문으로 자리매김했다.

당시 마리가 살던 폴란드는 여자의 대학 입학을 허용하지 않을 정도로 남녀차별이 극심했다. 그래서 마리는 조국 폴란드를 떠나 프랑스 파리에 가서야 대학에 들어갈 수 있었다. 이 점을 고려할 때 이 가문의 업적은 많은 여성과 과학업계의 본보기가 되기에 충분했다.

마리 퀴리의 터닝 포인트

마리 퀴리는 러시아의 지배를 받고 있던 폴란드 바르샤바에서 태어났다. 마리의 아버지는 고등학교에서 수학과 물리학을 가르치는 교사였다. 그녀의 과학적 사고와 호기심은 어쩌면 아버지의 영향일지 모른다.

그러나 그녀의 집안은 아버지의 해직으로 어려움을 맞는다. 어머니가 하숙을 꾸려 생계를 유지했고, 아버지 또한 하숙생에게 과외를 하며 생활비를 벌었다. 엎친 데 덮친 격으로 마리의 어머니가 결핵으로 세상을 떠났고, 마리의 아버지는 돈을 잘못 투자해 재산을 잃으면서 늘 가난에 허덕였다. 그러나 마리의 아버지는 어려운 가정환경 속에서도 다섯 자녀에게 배움의 중요성을 늘 강조했다. 그는 주위에 빚을 내서라도 자녀들의 등록금을 꼭 챙겼다. 아버지가 얼마나 힘들게 등록금을 마련했는지를 잘 알고 있는 자녀들 역시 더 열심히 공부했다. 마리의 아버지는 어려운 형편에서도 자녀들에게는 정서적으로나 지적으로 따뜻한 가정을 만들어주려고 노력했다. 매주 토요일 밤이면 자녀들에게 세계고전문학을 읽어주었고, 가족 행사에서는 직접 쓴 시를 낭송하기도 했다.

막내딸인 마리는 특히 아버지를 잘 따랐다. 아버지가 수업 때 가지고 다니는 과학 실험 도구에 큰 관심을 보였고, 아버지는 신이 나서 마리에게 자연과학에 대한 설명을 해주곤 했다. 과학적 호기심과 더불어 마리는 독서에도 열정적이었다. 교과서를 비롯해 시집, 장편소설, 학술서까지 손에 잡히는 것은 뭐든지 읽을 정도로 책을 좋아했다.

그녀는 타고난 학구열 덕분에 고등학교를 1등으로 졸업할 수 있었다. 하지만 당시 폴란드에서는 여성의 대학 진학을 허용하지 않았기 때문에 마리는 대학 진학을 포기해야만 했다. 마리는 가정교사를 하다가 20세 되던 해 비로소 파리에 갈 수 있었는데, 먼저 파리로 가 의학 공부를 하던 언니와 합류하면서 소르본대학에 입학했고, 장학금을 받아가며 공부에 집중했다.

그녀는 대학 입학 3년 뒤에 피에르 퀴리를 만났다. 이 둘은 그 이듬해인 1895년에 결혼을 한다.

　마리와 피에르의 만남은 2대에 걸친 노벨상 부부 공동 수상에 이어 4대째 과학자 배출이라는 업적으로 이어진다. 특히 노벨상의 경우 대를 이어 2대에 걸쳐 수상한 경우는 굉장히 드물다. 조셉 톰슨(1906년 물리학상)과 아들 조지 톰슨(1937년 물리학상), 닐스 보어(1922년 물리학상)와 아들 아게 보어(1975년 물리학상)가 2대째 노벨상을 받은 것으로 알려져 있다.

📷 순수함을 잃지 않은 유일한 과학자 마리 퀴리의 동상

과학 명문가로 성장할 수 있었던 이유

일각에서는 퀴리 가문의 명성에 대해 '부부평등'의 관점에서 새롭게 해석하기도 한다. 마리의 남편 피에르는 처음부터 배우자를 고를 때 연구 파트너를 염두에 뒀다고 한다. 이런 관점에서 마리는 피에르에게 이상적인 배우자였다. 성격 또한 피에르는 신중한 반면, 마리는 대담하고 추진력 있게 연구를 이끌어가는 스타일이라 연구 궁합도 잘 맞았던 것으로 전해진다. 피에르는 아내와 동등한 자격으로 연구하고, 명성까지 아내와 공유했다.

마리는 역사상 최초의 여성 노벨 수상자에 소르본대학 최초의 여성 교수이기도 했다. 남편 피에르가 앞서 소르본대학의 교수로 먼저 임용됐는데, 부부가 나란히 교수직을 지냈다. 이런 부부평등의 정신과 철학 덕분에 마리의 업적이 합리적으로 평가받을 수 있었고, 자연스럽게 자녀교육에도 영향을 미쳤던 것으로 보인다.

부부평등 정신에 앞서 마리와 피에르가 받은 교육을 언급하지 않을 수 없다. 앞서 마리가 수학과 물리학 교사였던 아버지의 영향을 많이 받으며 성장했다고 언급한 바 있다. 피에르 역시 아버지 및 가정환경의 영향을 많이 받았다. 피에르의 아버지 외젠 퀴리와 할아버지는 모두 의사였다. 외젠은 자신의 삶을 과학 연구에 바치고 싶어 했지만, 생계 때문에 수입이 보장된 의사로서의 삶을 살아야 했다. 그런데도 틈이 날 때마다 자연과학에 대한 연구를 계속했다.

그와 동시에 아이들에게 자연에 대한 탐구심을 자연스럽게 심어주려고 노력했으며, 직접 아이들을 가르치기도 했다. 특히 피에르는 또래에 비해 지적 발달이 다소 늦었는데, 이를 안 외젠은 그를 가르치면서도 조급해하거나 남과 비교하지 않았다고 한다. 피에르는 16세 때 이과대학 입학자격증을 받고 소르본대학에 진학했고, 이후 조교로 일하며 공부를 시작했다.

퀴리 부부의 자녀교육도 자신들이 받았던 가정교육의 대물림이었다. 마리는 두 딸에게 과학자 되기를 단 한 번도 강요하지 않았다고 한다. 그저 딸들을 전적으로 신뢰하면서 그들이 하고 싶어 하는 일들을 하도록 응원해주었다. 큰딸은 어머니 못지않은 과학자가 되었고, 작은딸은 작가가 되었다.

재미있는 점은, 훗날 이렌은 저명한 과학자인 부모의 교육뿐만 아니라 의사이자 자연과학자였던 할아버지의 영향까지 받았다는 점이다. 당시 퀴리 부부는 큰딸을 낳은 직후 양육 문제를 놓고 고민에 빠졌다. 피에르는 아내가 육아 문제로 연구에서 손을 떼는 것을 원치 않았다. 이 문제는 자연스럽게 해결된다. 피에르의 어머니가 유방암으로 세상을 떠나자 그의 아버지가 아들 부부와 함께 생활하게 되면서 손녀도 돌보게 된 것이다. 이렌은 피에르가 그랬듯 문학과 과학에 자연스럽게 관심을 가지면서 호기심 많은 아이로 성장하였다.

마리가 딸들에게 적용했던 참신한 교육 방법 중 하나가 바로 '품앗이 교육'이다. 그녀는 두 딸이 학교에 갈 무렵 학교교육에 불만이 많았다. 그녀는 동료 교수들과 함께 협동학교를 만들어 운영하기로 했다. 맞벌이로 고민하는 학부모들이 그 자녀들에게 교사가 되어 서로 강의를 해주는 방식이었다. 열 명의 아이들은 매일 소르본대학에서 강의를 들었다. 당대 권위 있는 장 페랭 교수가 화학을 가르쳤고, 폴 랑주뱅 교수가 수학을 가르쳤다. 아이들은 2년 동안 수학, 화학, 물리학, 문학, 미술사, 영화, 프랑스사 등을 배웠다. 이 인연은 돌고 돌아 퀴리 가문과 닿게 된다. 이렌의 딸, 즉 마리의 손녀 엘렌이 폴 랑주뱅의 손자와 결혼하게 된 것. 이렌은 같이 수업을 듣던 동창과 사돈을 맺게 된 것이다.

엘렌 졸리오는 1986년 인터뷰를 통해 그녀의 집안교육 분위기를 이렇게 설명했다.

"내가 부모님으로부터 받은 가장 중요한 메시지는, 연구란 무엇보다 먼저 놀이요 즐거움이 되어야 한다는 것입니다. 어머니가 가장 싫어하셨던 것은 할머니와 할아버지에게 씌워진 과학 순교자 이미지였습니다. 나는, 장애물은 힘으로 극복하는 것이 아니라 다양한 접근법을 시도하고 최대의 상상력을 발휘해 우회하는 것이라는 교훈도 얻었습니다. 한마디로 말해서 문제를 가지고 '놀라'는 교훈이었죠."

마리가 품앗이교육을 통해 엘리트교육을 시도했다면, 그 품앗이교육을 받았던 딸은 어머니가 된 이후에 다시 호기심의 교육을 시행한 셈이다. 퀴리 가문의 세대별 독특한 교육철학이 돋보이는 대목이다.

이렌은 대학 졸업 후에 어머니의 조수로 라듐 연구소에 들어가 물리학자의 길을 걷는다. 그리고 어머니의 조수로 일하던 프레데릭 졸리오와 결혼한다. 이렌 부부는 부모처럼 공동 연구를 하면서 퀴리 부부와 닮왔다는 얘기를 들었다고 한다. 퀴리 부부처럼 둘 다 대학 교수에 오른 점도 흥미롭다.

이념이 달랐던 졸리오 퀴리와 이브 퀴리

국제사회가 이념 전쟁을 하고 있을 때 퀴리 부인의 후손들은 양 진영에서 굵직한 활동을 벌였다.

이렌과 결혼한 졸리오는 정치적인 문제에도 관심을 보이며 활발한 활동을 펼쳤다. 특히 그는 프랑스 공산당에 입당해 공산주의 진영에 섰다. 반면, 졸리오의 처제이자 마리의 둘째 딸인 이브는 자유주의 진영인 미국과 친밀했다. 이들의 이념은 서로 달랐지만, 세계 평화를 위해 애써 왔다는 점은 같다. 추구하는 이상과 가치만 달랐을 뿐 국제사회의 평화, 인류 평화를 위한 과학의 사용 등에 열정적으로 삶을 헌신한 것이다.

졸리오는 한국과도 인연이 있는데, 바로 한국전쟁에서 미국이 세균전을 벌였다는 의혹에 대해 적극적으로 나섰던 것이다. 1952년 중국 과학 아카데미의 회장이자 세계 평화회의 부회장이었던 궈모뤄는 노르웨이 오슬로에서 열린 세계평화회의에서 미국이 한국전쟁 중 세균전을 벌였다고 비난하는 연설을 했다. 그는 보고서를 통해 미국이 세균을 보유한 곤충과 기타 독성 물질을 고공 살포를 비롯한 여러 방법으로 대량 퍼뜨렸다고 주장했다. 또 미 해군 상륙정 안에서 포로가 된 중국군이 페스트 실험 대상으로 쓰였다고도 주장했다. 궈모뤄는 "중국 인민은 졸리오 퀴리가 주창했으며 1950년 바르샤바 평화회담에서 채택된 세균무기, 화학무기와 기타 대량살상무기를 금지하는 호소를 전적으로 지지한다"고 밝혔다.

이에 대해 졸리오는 처음에 언급을 꺼렸지만, 귀모뤄로부터 미군의 혐의에 대한 정보를 받고, 미국에 항의했다. 졸리오는 1925년 있었던 세균전 금지를 위한 국제협약에서 미국과 일본만 서명하지 않았다는 사실을 언급하며 이렇게 말했다.

"한국인과 중국인이 당신 나라와 다른 정권을 수립했다고 해서, 그들의 피부색이 희지 않다고 해서 그들을 네이팜탄이나 세균으로 쓸어버리는 것이 정당화되지는 않습니다."

졸리오는 러시아와 중국, 북한의 보고서들이 진실을 담고 있다고 받아들였다. 후일 그는 독립성과 능력을 가진 조사위원회에 사실을 확인해달라고 요청했다. 졸리오가 제기한 의혹의 타당성 여부는 오늘날까지도 불확실하다. 평전《퀴리 가문》의 저자 데니스 브라이언은 이 책에서 '가장 분명하고 신뢰할 만한 증거에 근거해 말한다면, 미국은 한국전쟁에서 세균전을 벌이지 않았다'고 설명했다.

1998년 발표된 AP통신 기사에는 '소련과 중국이 사건을 날조해 미국이 한국전쟁에서 세균전과 화학전을 벌였다고 세계가 믿게 하고자 했다. 모스크바 비밀문서 자료실에서 입수한 새로운 문서 증거가 이를 시사한다'는 내용이 실렸다.

졸리오가 점점 더 공산주의 쪽으로 간 반면, 이브는 민주 서방세계에 더 관심을 보였다. 그녀는 파리에서의 편집자생활을 접은 후 1952년부터 북대서양조약기구(NATO)의 초대 사무총장인 이스메이 장군의 특별 보좌관으로 일했다. 나토는 미국과 서유럽의 민주 국가들 사이의 군사 동맹으로 원자무기를 앞세워 유럽 내 소련 세력에 대항하고 있었다.

졸리오는 대량살상무기를 금지하자고 외치며 나토를 불신했지만, 그 때문에 퀴리 가문에 분열이 생기지는 않았다. 졸리오는 이브와 같은 비공산주의적 나토 지지자를 적이 아닌 반대자로 간주했고, 그들의 마음을 돌릴 수 있기를 바랐다. 졸리오는 아내 이렌이 백혈병으로 세상을 떠난 2년 뒤 수술 후 패혈증으로 숨을 거뒀다. 의료진은 그가 폴로늄 과다 노출로 인한 간경변증으로 사망했을 것으로 추측했다. 〈뉴욕타임스〉는 짤막한 1단 기사로 졸리오의 삶을 요약했다.

'졸리오 퀴리 사망. 프랑스 물리학자. 유명한 핵 과학자. 아내와 함께 노벨상을 수상했다. 공산당 지도자로 스탈린상을 수상했으며 방사성원소의 공동 개발자로 원자에너지 책임자였다가 퇴출당한 바 있다.'

과학자의 노블레스 오블리주를 고민하다

오늘날 우리 사회가 기업의 사회적 책임(CSR)과 공유가치창출(CSV)을 요구하고 있다면, 학계와 사회 지도층에게는 노블레스 오블리주라는 덕목을 갈망하고 있다. 퀴리 가문은 훨씬 앞서서부터 학자로서의 사회적 책임을 고민하고 실천해왔던 과학자 집안이다.

가정에서뿐만 아니라 집 밖에서의 봉사와 희생에서도 퀴리 가문은 존경받는 집안의 모습을 보여줬다. 신장 수술까지 받았던 마리는 제1차 세계대전이 시작되자 적극적으로 사회봉사에 나섰다. 부상병을 진단하기 위한 X선 장비를 모아 전선에 보내고, 후원을 받아 마련한 응급차에 X선 장비를 싣고 이렌과 함께 직접 전선의 부상병들을 찾아다니기도 했다. 4년 동안 100만 명 이상의 부상병이 X선 진단을 받았고, 수천 명이 목숨을 건질 수 있었다.

명예와 부에 대한 퀴리 부부의 초연함도 이 가문이 존경받는 이유로 꼽힌다. 퀴리 부부는 라듐을 분리하는 기술에 대한 특허로 상당한 수익을 올릴 수도 있었다. 당시 라듐은 X선 진단은 물론이고 다양한 질병 치료용으로 많이 사용됐다. 그러나 퀴리 부부는 100만 프랑이나 되는 큰돈을 자식들이 아닌 자신이 평생 열정을 바쳐온 실험실에 기증했다. 증여로 자식들이 당장 편하게 사는 길을 마다하고 늘 그렇듯 스스로의 삶을 개척하고 이끌어가도록 위험 요소를 차단한 것이다.

이는 마리가 자녀들에게 입버릇처럼 말해온 삶을 실천한 것이며, 그녀 스스로도 라듐이 향후 더 나은 세상을 만들기 위한 연구와 과학 기술 개발에 쓰일 수 있도록 한 조치였다. 가능한 한 많은 사람이 과학 연구 성과의 혜택을 누려야 한다고 믿었던 퀴리 부부는 특허 신청 자체를 포기해버렸다.

피에르는 1903년 노벨 물리학상 수상 기념 연설에서 이렇게 말했다. "라듐은 범죄자들의 손에 들어가면 위험한 물질이 될 수도 있습니다.

그래서 우리는 오늘 바로 이 자리에서 스스로에게 물어보아야 합니다. '자연의 비밀을 캐는 것이 인류에게 얼마나 도움이 될까, 그 비밀을 안다고 하더라도 제대로 활용할 수 있을 만큼 인류는 성숙한가, 아니면 오히려 해로운 지식을 갖게 되는 것은 아닌가'를 말입니다."

이들 가문이 가진 정신이 무엇인지, 그리고 왜 후대가 현실에 안주하지 않고 지속적으로 삶을 발전시키는지, 무엇이 퀴리 가문을 존경받는 위대한 집안으로 만들었는지를 엿볼 수 있는 대목이다. 아인슈타인은 마리 퀴리에 대해 "유명인들 중 명예 때문에 순수함을 잃지 않은 유일한 사람"이라고 찬사를 보내기도 했다.

마리의 둘째 딸 이브는 미국 변호사이자 외교관인 헨리 라뷔스와 결혼해 작가이자, 언론인, 국제기구 활동가로 일생을 살았다. 그녀는 남편과 함께 난민을 구제하는 데 애썼다.

마리 퀴리의 손자 손녀들도 과학자의 삶을 살아가고 있다. 엘렌은 물리학자가 되었다. 엘렌은 저에너지 핵물리학 분야의 전문가로서 여러 해 동안 프랑스 의회의 과학 자문위원을 역임했다. 그녀는 자기 어머니가 설립한 오르세 핵물리학 연구소의 국립과학연구센터(CNRS)에 연구원 신분으로 취직했다. 그곳에서 소수의 핵자 문제와 핵의 구조를 집중적으로 연구했다. 엘렌의 아들 이브 랑주뱅도 주로 행성학과 소행성에 관심을 가진 천체물리학자로 알려져 있다. 엘렌의 남동생이자 이렌의 아들 피에르 졸리오는 생물리학자로서 세계적인 광합성 전문가로 알려져 있다.

마리와 피에르, 이렌과 프레데릭, 그리고 엘렌과 피에르, 또 엘렌의 아들 이브까지. 퀴리 가문의 후손들은 학자로서 이름을 떨치며 4대째 과학자를 배출하는 과학 명문 집안으로 자리매김하고 있다.

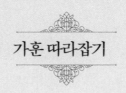

가훈 따라잡기

'삶을 놀이처럼!'

퀴리 가문의 후손은 연구를 놀이처럼, 즉 문제를 가지고 놀라는 교훈을 얻었다고 말한다. 연구를 반드시 해결해야 할 과제로 인식하기보다는 연구 과정 자체를 하나의 놀이처럼 즐겼기에 퀴리 가문의 후손들은 하나같이 과학에 흥미를 보였다.

우리는 공부를 또는 삶에서의 과정을 반드시 해결해야 할 대상으로 접근하곤 한다. 이때 원하는 답을 도출하지 못하거나 해결 방안을 찾지 못하면 극심한 좌절감과 실패했다는 생각에 사로잡혀 괴로워한다. 우리가 살아가면서 정답을 찾을 수 있는 일들이 얼마나 될까? 정답을 찾아가는 과정 자체를 즐기며 이를 놀이처럼 접근하는 것은 어떨까? '문제를 가지고 놀라'는 교훈을 대물림하는 퀴리 가문의 후손들처럼 말이다.

공자 가문

**위대한 영광은 실패할 때마다
다시 일어서는 데 있다**

역경을 이겨내고 동양철학의 스승으로

동양철학의 스승이라 불리는 공자. 그는 오늘날 중국인들에게 인생 역전 스토리의 대표적 인물로 거론되곤 한다. 공자의 후손인 공건은 저서 《CEO 공자》를 통해 공자의 어린 시절을 이렇게 묘사한다.

'그는 자기 출신에 대한 콤플렉스가 많았다. 그의 아버지는 64세 때 16세의 젊은 여자를 첩으로 들였고, 그는 그녀의 소생이었다. 그는 3세 때 부친을 잃었고, 큰어머니와 이복형제들로부터 배척을 받았다. 이런 복잡한 가정환경이 어린아이에게 얼마나 많은 고민과 괴로움을 가져다주었을지는 충분히 상상할 수 있을 것이다. 결국, 그의 어머니는 어린아이를 데리고 집을 떠나 모자끼리 의지하며 살았다. 어머니마저 그가 17세 때

죽자 그는 외톨이가 되었다.'

공자의 아버지는 몰락한 귀족 가문 출신의 하급 군인이었다. 딸만 아홉을 두고 있었는데, 두 번째 부인에게서 아들을 얻었지만, 다리가 불편한 장애아였다고 한다. 그는 64세의 나이에 대를 이을 욕심으로 열여섯 살짜리 세 번째 부인을 맞았다. 공자의 아버지는 그토록 기다리던 아들을 얻었지만, 집안사람들의 반대로 부인과 아들을 집으로 들일 수조차 없었다고 한다.

태어나면서부터 축복받지 못했던 공자는 3세 때 아버지가 세상을 떠나자 홀어머니와 함께 살아야 했다. 가난한 환경과 아버지 없는 서러움 속에서도 공자는 방황하지 않았다. 그의 마음을 다잡아준 존재는 어머니였다. 어머니 안씨는 재혼도 하지 않고 오직 공자를 키우는 데만 열중했다. 공자가 4세 되던 해부터 안씨는 매일 집에서 제를 올리게 했다. 귀족에게 필요한 예법을 배우게 하기 위해서였다. 그러나 공자의 버팀목이 되어주던 어머니도 그가 17세 되던 해에 세상을 등졌다.

부모를 일찍 여읜 불우한 환경 속에서 자란 공자였지만, 다행히 암기력이 뛰어나 배움에 탁월한 재능을 보였다. 한 번 듣고 배운 것은 절대 잊지 않았으며, 지식인들에게 질문하면서 스스로 해답을 구했다. 예법을 익히기 위해 제사를 드리는 장소까지 찾아가 이것저것을 묻기도 하면서 갖은 노력 끝에 예법과 학문에 정통하게 됐다. 이러한 그의 명성은 궁궐까지 전해졌다. 공자가 19세 때 결혼한 뒤 이듬해 아들을 낳자 노나라의 군주가 이를 축하하며 잉어 한 마리를 보냈다. 그러자 공자는 이

은혜에 감격해 아들의 이름을 '리(잉어라는 뜻)'라고 지었다.

공자는 20세, 21세 때 두 차례에 걸쳐 낮은 벼슬자리를 얻었다. 처음 맡은 벼슬은 가축관리였다. 제사에 필요한 소나 양을 관리하는 자리였다. 그다음에는 창고 물품을 관리하는 창고지기가 되었다. 이후 공자의 학문이 높아지자 주위에서는 자녀들의 교육을 맡겼고, 공자는 학생이 늘어나자 아예 학원을 운영했다. 공자는 30세에 성인으로 칭송받을 정도로 학문이 뛰어났다.

35세 때 노나라에서 내란이 일어나 소공이 제나라로 망명하자 공자도 제나라로 떠났다가 2년 뒤 귀국했다. 48세 때에는 계손씨의 가신 양호가 정권을 잡자 정치에서 물러나 본격적으로 제자를 가르쳤다. 3년 뒤 양호가 망명하면서 공자는 중도를 다스리는 책임을 맡았다. 51세 때 중앙정치에 입성, 오늘날의 건설부장관과 법무부장관의 자리에 올랐다.

공자는 나라의 발전에는 관심이 없고 재물과 미인에 눈이 먼 군주와 관리들을 보면서 회의감을 느낀 나머지 관직에서 물러나 여행길에 올랐다. 공자의 여행은 13년이나 계속되었다. 이 여행을 통해 그는 '나는 정치할 그릇이 아니다'라고 결론 내렸고, 정치를 통해 자신의 이상을 실현하겠다는 꿈을 접었다. 대신 사람을 가르치는 일에 큰 즐거움을 느끼며 후학 양성에 힘썼다.

공자의 교육론과 제자 사랑

공자는 모든 계층의 학생들을 제자로 받아들였다. 공자 스스로 겪었던 '첩의 아들', '아버지 없는 자식'이라는 콤플렉스에서 비롯된 방침일지도 모른다. 공자는 신분의 높고 낮음을 떠나 누구에게나 배움의 기회를 주었지만, 엄격한 학칙을 만들어 제자들을 교육했다. 특히 누구나 학교에 들어올 수 있었지만, 학칙을 어기거나 스스로 공부하지 않는 학생은 졸업할 수 없었다.

공자의 교육 목표는 군자(君子), 즉 정치를 맡아 다스리는 사람을 육성하는 것이었다. 신분에 상관없이 제자를 받아들이는 것은 당시로써는 매우 혁신적이었다. 전통적인 신분 질서에 따라 귀족이 세습되는 시대 속에서 공자는 신분이 아닌 덕성을 보고 사람을 키운 것이다.

학생들은 질문했고, 공자는 답하는 방식으로 수업이 진행됐다. 질문하려면 궁금한 것에 대한 배경 지식이 충분히 있어야 한다. 또 이에 대한 본인의 시각과 견해가 필요함은 물론이다. 자연스럽게 학생들은 수업에 앞서 사색하고 공부하는 시간을 가질 수밖에 없었고, 수업시간 중 문답을 통해 깨달음을 얻었다.

공자는 자녀교육에도 직접 관여하지 않았다고 한다. 오히려 다른 선생에게 교육을 받게 했으며, 자녀가 올바른 방향으로 공부를 하고 있는지 정도만 확인하고 지도했다 한다. 부모의 자녀교육 과정에서 감정이 상하는 것을 우려한 조치였다.

공자가 배출한 제자는 3,000명에 이를 정도였는데, 이 중 72명의 수

제자가 공자의 명성에 큰 영향을 미쳤다. 이들의 입을 통해 공자의 사상이 중국 전역으로 퍼져나갔다.

공자는 여러 나라를 돌아다니다가 68세 때 노나라로 다시 돌아왔다. 이후 노나라의 악(樂)을 정비하고 제자를 가르치며 문헌을 정리하는 데 전념했다. 그러다 가장 아끼는 제자 안연이 세상을 떠나자 깊은 실의에 빠졌다. 72세 때도 제자 자로가 위나라에서 일어난 정변에 휘말려 피살되자 제자를 위해 곡을 하며 각별한 제자 사랑을 보였다. 공자는 제자들이 세상을 떠날 때 온몸으로 통곡하며 "이 사람을 위해서는 울고 싶은 만큼 울게 내버려 두어라"라며 슬픔으로 애도했다고 한다.

공자의 후손들

2500년 전의 인물 공자는 역사상 위대한 삶을 살았다고 평가받는다. 그리고 무려 80대손에 이르는 그의 직계 후손들이 그의 정신을 이어가고 있다.

2006년 2월, 공자의 80대 종손이 타이베이에서 태어났다. 77대 직계 종손인 쿵더청의 증손자 쿵여우런이다. 쿵더청은 고향 곡부에서 살다 1949년 혁명이 일어나자 타이완으로 건너와 타이베이에 자리를 잡았다. 1955년부터 국립타이완대학 교수를 지냈고, 타이완 총통부 고문을 역임했다. 쿵더청은 우리나라에서 몇 차례 서예 전시회를 열기도 했다. 쿵더청의 누나 쿵더마오는 중국 공산당 중앙상무위원을 지냈고, 공자

기금회 부회장을 역임한 것으로 전해진다.

공건 공자문화원장은 공자의 75대 손으로, 책을 통해 공자의 사상을 전파하는 데 앞장서고 있다. 그는 《CEO 공자》,《세상을 사는 공자의 지혜》등의 저서를 통해 공자의 사상을 현대의 기업경영과 비즈니스에 접목하였다.

'스승'과 '제자'의 오늘날 의미

"선생은 많지만 스승이 없고, 학생은 많지만 제자가 없는 요즘이다."

스승의 날 행사에서 어느 교수가 한 말이다. 이날 행사에 참석한 많은 교수와 학생은 다들 고개를 끄덕였다. 학교 안에 선생님과 학생은 많지만, 진정한 가르침을 주는 사람도 배움을 따르는 이도 없다는 뜻일 것이다.

중학교 선생이 제자를 성추행하거나 교수가 특정 학생의 입학에 힘을 실어줬다는 뉴스는 더 이상 놀랍지도 않은 요즘이다. 어떤 초등학교 교사는 예비 신부와의 성관계 사진을 인터넷에 올렸다가 논란이 되기도 했다. 그런가 하면 고등학생이 선생님의 훈계에 반발해 교사를 폭행했다거나 대학생의 부모가 지도교수에게 자녀의 학점을 왜 이렇게 주었냐며 항의했다는 얘기도 심심치 않게 들린다. 교육을 사고파는 주체와 객체만 있을 뿐 배움과 가르침이 깃든 학문을 탐구하는 학교는 찾기 힘들다.

우리가 학교라는 울타리 안에서 받는 배움은 학문적 지식만이 아니다. 삶의 지혜와 철학, 주변 사람과의 관계, 인성 등이 모두 담겨 있다. 즉, 학교 안에서 벌어지는 작은 것 하나하나가 모두 교육이다. 미성숙의 학생들이 어른이 되어가는 과정에서 실패를 줄이고, 삶의 방향점을 찾아 나아가는 과정을 지켜봐주고 수정해주는 시간인 것이다. 그 때문에 배우는 이는 항상 겸손하고 가르치는 이를 존경해야 하며, 가르치는 이는 솔직하고 신중하게 교육하면서 배우는 이를 존중해야 한다.

흔히 요즘 학생들은 인성이 부족하다고들 한다. 학생들은 어른들이 자신의 경험을 일반화해서 일방적으로 강요한다며 이들을 '꼰대'라고 부른다. 사실상 잘못이야 둘 다 있겠지만, 결과적으로는 우리 어른들의 잘못이 좀 더 크다 하겠다. 잘못된 방식으로 학생들과 소통하고 있다는 뜻이니까 말이다.

공자의 삶을 살펴보면 스승과 제자의 관계가 유독 돈독했음을 느낄 수 있다. 제자는 스승에게 존경심을 표하며 지혜를 물었고, 스승은 그런 제자의 궁금증을 존중하며 답을 통해 방향을 찾아주고자 했다.

우리 아이들은 어떠한가. 그전에 우리 어른들은 어떠한가. 아이들의 궁금증을 하찮게 여기거나 질문을 귀찮아지는 않았나. 아이들이 어른들에게 배울 만큼 존경받는 삶을 살아왔나. 우리 어른들이 좀 더 고민해봐야 할 대목이다.

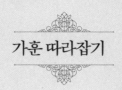

가훈 따라잡기

공자는 미천한 신분을 뛰어넘어 존경받는 동양철학의 스승이 되었다. 공자의 삶에서 강조하고 싶은 부분은 그의 사상과 철학이다.

자본주의가 고도로 발달한 오늘날 사상과 철학은 밥 빌어먹기도 힘든 학문으로 폄훼되고 있다. 그러나 인류는 사상과 철학을 기반으로 문명의 발달을 거듭해왔다. 특히, 4차 산업혁명 시대의 키워드 '융합'의 근간이 바로 사상과 철학이다. 성공한 스타트업 사례로 불리는 에어비앤비, 우버 등 공유경제의 출발점도 소유가 아닌 나눔과 공유를 기반으로 한 새로운 생각과 철학 덕분이었다.

만약 오늘날 공자가 태어났다면, 그의 생각과 철학은 기업, 정부, 오피니언 리더들의 리더십 분야에 적용됐을지 모른다. 생각과 철학이 없는 과학, 기술 연구, 경영은 준비 없이 불확실한 미래에 뛰어드는 것과도 같다.

분명한 철학과 생각은 우리의 고민을 좀 더 발전적이게 만들고, 성공에 한 발짝 더 가깝게 다가가도록 한다. 각자의 삶에서 중요하게 생각하는 사상과 철학을 가훈으로 삼아보자.

PART 5

명문가,
문화예술을 꽃피우다

메디치 가문

행복을 즐겨라

대한민국의 메디치 가문이 되어달라

"우리가 문화 융성의 시대를 열어가는 길에 기업인 여러분께서 대한 민국의 메디치 가문이 돼주시고, 문화예술 분야에 투자와 지원을 확대 해주길 바랍니다. 고대 로마의 문화가 번성하고 이탈리아가 르네상스 를 열었던 것은 마이케나스와 메디치 가문이 있었기 때문입니다."

2015년 당시 박근혜 전 대통령이 청와대에 주요 기업인들을 초청한 오찬 자리에서 당부했다는 말이다. 이 자리에는 구본무 LG그룹 회장을 비롯해 이재용 삼성전자 부회장, 정의선 현대차 부회장, 권오준 포스코 회장, 신동빈 롯데그룹 회장, 박삼구 금호아시아나 회장, 손경식 CJ그룹 회장, 윤종규 KB금융 회장, 이해진 네이버 이사회의장 등 국내 경제계를 이끄는 리더들이 모두 참석했다. 박 전 대통령의 이 발언을 놓고 2년이 지난 지금 돌이켜보면 그 진정성에 여러 의문이 들지만, 어찌 됐든 대통령이 대기업 총수들에게 우리나라의 메디치 가문이 되어달라고 당부하면서 이 명문가가 세간의 관심을 끌었다.

메디치 가문의 시작, 조반니 데 메디치

메디치 가문은 지난 15세기부터 300여 년간 문학과 문화예술을 후원해 르네상스를 꽃피운 명문가로, 원래는 이탈리아 피렌체의 평범한 중산층 집안이었다. 명문가로서 메디치 가문의 시작은 은행업으로 부를 축적하기 시작한 조반니 디 비치 데 메디치에서 비롯됐다. 1360년에 태어난 조반니는 은행 설립과 함께 조직을 확장해 전통을 확립하였다. 1429년 사망할 때까지 막대한 이익이 넘쳐나는 회계장부를 방패 삼아 그 뒤에 몸을 숨긴 채 사람들 앞에 나서는 것을 피했다.

조반니는 형 프란체스코와 함께 사촌의 은행에 들어갔다. 1385년 결혼으로 지참금 500플로린(피렌체에서 발행된 금화)이 들어오자 친척의 은행에 투자하고 남쪽으로 자리를 옮겨 이 은행 로마 지점의 동업자가 됐다. 조반니는 사촌의 은행에서 12년 동안 일하며 은행경영에 필요한 모든 것을 배웠다. 은행 지점의 중요성을 배웠고, 자금이 쉬지 않고 굴러가도록 금융 거래와 상업 거래를 엮고, 국제거래를 계속 늘려나가는 방법도 배웠다. 1393년 사촌 형이 은퇴하자, 조반니는 사촌 형의 로마 지점을 인수했다.

그로부터 4년 뒤, 조반니는 동업자 둘과 함께 피렌체에 자신의 은행을 세웠다. 조반니가 처음 은행을 세웠을 때 상황은 좋지 않았다. 문을 연 지 얼마 되지 않아서 동업자 중 한 명이 투자금을 회수했기 때문이다. 그러나 조반니의 은행은 개업 첫해에 임대료, 급여, 대손충당금을 제외하고도 연 10퍼센트의 수익률을 올렸다. 조반니가 은퇴할 때까지 23년 동안 그의 은행은 전 지점을 통틀어 15만 2,820플로린의 수익을 올렸다. 그중 조반니가 4분의 3을 가져갔다. 당시 궁전 한 채를 짓는 데 1,000플로린이 필요했지만, 다수의 주민은 너무 가난해서 1플로린의 세금도 내지 못했다고 한다.

조반니는 교황청과의 관계도 돈독했다. 그는 신성로마제국의 지기스문트 황제에 의해 세 명의 교황이 강제 폐위 또는 체포되자, 오갈 데 없어진 요한 23세의 보석금을 전액 융자해주었을뿐더러 거처와 생활비 또한 지원해줬다. 또 그가 죽자 반대 세력의 위협에도 불구하고 일류 예술가들을 동원하여 정중한 예우를 갖춰 피렌체의 산타마리아 델 피오레 성당의 세례당 내부에 안장했다. 교황은 물론이고 유럽의 왕가와 명문 귀족들은 메디치 은행의 이 같은 신의에 감동해 앞다퉈 자신들의 예금과 비자금을 맡겼다. 이 사건은 메디치 가문과 교황청, 예술가들의 돈독한 관계를 유지하게 하는 계기가 됐다. 이후 메디치 가문은 군사력을 통한 정복이 아닌 상업과 예술로 권력을 잡은 집안으로 특별히 좋은 평가를 받게 된다.

메디치 가문은 교황청과의 관계 및 막대한 부를 기반으로 정계에 진출했다. 조반니는 피렌체공화국의 수반인 곤팔로니에레(공화국 최고행정관)에 임명되어 활약하면서 공익을 위해 재산을 내놓았다. 한편, 평민의 입장을 옹호하면서 피렌체의 귀족들과 대립했는데, 이 때문에 대중의 지지를 받았다. 이때부터 메디치 가문은 세상에 주목받기 시작했다.

문화예술을 부흥시킨 코시모 데 메디치

조반니가 메디치 가문을 부유하게 만든 금융인이라는 평가를 받는다면 그의 큰아들 코시모는 메디치 가문을 피렌체의 '군주'로 만든 금융인으로 불린다. 그는 유럽의 16개 도시에 은행을 세우는 한편, 막대한 부를 문화예술 후원에 투자한 것으로도 유명하다. 코시모는 어려서부터 고전 원고를 수집할 정도로 남다른 예술관을 보였다. 유년 시절부터 피렌체 가문의 자제들과 함께 저명한 학자의 수업을 듣고, 수도원 학교에서의 토론 모임을 통해 고전 학문 등을 배웠는데, 이것이 코시모의 인문주의자적 자질 형성에 좋은 자극제가 됐다.

조반니로부터 막대한 부와 함께 사업 수완도 물려받은 그는 유럽 전역에서 활동했다. 교황청의 막대한 자금도 코시모의 은행이 관리했고, 유럽의 많은 군주가 코시모의 은행을 통해 자금을 융통했다. 그는 메디치 가문에서 믿을 만한 이들을 유럽 각지로 보내 지점을 열었다. 몇 년 사이 지점은 피사, 밀라노, 바젤, 제네바, 리옹, 아비뇽, 브뤼주, 안트베르펜,

런던 등 당시 유럽의 주요 10여 개 도시에 설치됐다. 오늘날의 대기업 집단의 회장과 비슷한 역할을 하며 분권화된 경영을 펼친 것이다.

코시모는 메디치 가문의 독주를 견제한 피렌체의 귀족들과 대립해 수년 동안 추방당했다. 코시모가 떠난 이후 피렌체는 막대한 자본 유출로 재정이 흔들렸고, 그의 추방을 철회하라는 여론도 높아져갔다. 그러던 중 메디치 집안사람들이 정부의회를 장악하면서, 코시모는 1년 만에 피렌체로 돌아올 수 있었다.

코시모는 학문과 예술을 후원하는 일에 많은 돈을 쓰며 흥미를 보였다. 그는 유럽은 물론 오스만제국에까지 사람을 보내 문헌을 수집했다. 고대 사본만 1만 점이 넘었고, 파피루스 사본도 2,500여 점에 달했다. 그는 이렇게 수집한 물건들을 모아놓은 도서관을 피렌체 시민에게 개방했다. 코시모는 많은 필경사를 고용해 고전 필사본을 펴냈고, 스스로도 플라톤에 심취해 연구를 지원하고 강의에도 참여했다.

1463년, 코시모는 마르실리오 파치노에게 플라톤 전집을 그리스어에서 라틴어로 번역하게끔 의뢰한다. 플라톤 철학은 르네상스 예술가들에게 이론적 토대를 마련했고, 이를 바탕으로 회화-건축-조형의 3대 분야에서 수많은 천재가 나와 빛을 발했다. 미켈로초, 도나텔로, 프라 안젤리코, 기베르티 등 수많은 예술가가 후원을 받았으며 르네상스의 걸작들이 탄생했다. 건축 예술의 모범이 될 만한 궁전을 짓고, 서유럽과 동유럽에 걸쳐 남아 있는 고대 그리스와 로마의 문서들을 수집해 도서관에 보관한 것도 코시모의 업적이다.

코시모는 자선사업에도 적극적이었다. 예루살렘 성지 순례자들 중 병든 이를 위해 병원을 세웠고, 빈민구제를 위한 단체를 만들어 후원했다. 매년 성탄절과 부활절에 거액을 기부했으며, 피렌체시의 종교 행사도 후원했다. 메디치 집안의 자선 활동은 이 가문의 권력 기반이자 정당성이 됐다. 메디치 가문은 막대한 부를 아낌없이 썼고, 이는 메디치 가문에 대한 긍정적인 이미지를 만들었다.

위대한 자, 로렌초 데 메디치

피렌체의 예술 부흥은 코시모의 손자 로렌초 데 메디치 때 더 화려하게 꽃피운다. 로렌초는 1469년부터 1492년까지 피렌체를 지배하면서 피렌체와 메디치 가문의 전성기를 일궜다. 코시모의 아들 피에로의 장남으로 태어난 로렌초는 아버지를 여의면서 20세의 젊은 나이에 피렌체 공화국의 지배자 자리를 물려받았다. 그는 '위대한 자'라고 불렸는데, 직접 시와 노래를 창작하며 예술에 많은 관심을 보였다.

로렌초는 예술과 교육 분야에서도 큰 업적을 남겼다. 로렌초는 미켈란젤로를 발탁해 후원하였다. 또한 소년들에게 교육의 기회를 제공하기 위해 학교를 설립하며 미켈란젤로를 비롯한 유망한 학생들을 추천받았다. 당시 로렌초는 미켈란젤로가 난생처음으로 조각칼을 쥐고 대리석 작업을 하는 것을 보게 됐는데 미켈란젤로가 목신상의 입과 혀, 치아를 모두 조각하는 것을 보면서 노인의 치아가 완전치 못하다는 것을 지적했다. 로렌초가 자리를 뜨자마자 미켈란젤로는 목신의 치아 중 하나를 부수면서 잇몸을 파내 마치 이가 빠진 것처럼 보이게 만들어 로렌초가 다시 오기만을 기다렸고, 이를 본 로렌초가 미켈란젤로의 순진함과 기술에 여러 번 웃으면서 감탄했다고 한다. 미켈란젤로는 그렇게 15세가 되기 전 메디치 가문에 발탁돼 후원을 받으며 예술가로 성장했다.

그 외에도 안드레아 델 베로키오, 레오나르도 다 빈치, 산드로 보티첼리, 기를란다이오 등 내로라하는 르네상스의 천재들이 메디치 가문의 후원 아래 세계적 예술가로 성장했다. 이 같은 후원은 15세기 피렌체가 이탈리아 르네상스의 중심지가 되는 데 중요한 역할을 했다.

로렌초는 문화와 정치에서 뛰어난 재능을 보였지만, 사업에서는 큰 두각을 나타내지 못했다. 로렌초 시대에 메디치 가문의 은행 지점 몇 곳이 파산했으며, 후에는 경제적으로 어려운 상황에 놓였다.

그러나 메디치 가문의 수장들은 시대를 보는 혜안과 통찰력이 있었다. 그들은 신용과 의리를 지키기 위해 애썼고, 동방의 학자들이 이탈리아로 피난을 오자 그들에게 거처를 마련하고 아낌없는 후원을 실천했다. 코시모는 아무런 조건 없이 예술가들을 후원했고, 그들이 천재성을 발휘할 수 있도록 최선을 다했다. 로렌초가 미켈란젤로를 양자로 들인 것 또한 선조들의 영향 이었으리라. 메디치 가문의 마지막 후계자 안나 마리아 루이사는 가문에서 모은 예술품과 건물을 피렌체 시민을 위해 조건 없이 기증했다.

가훈 따라잡기

민주주의 사회에서 자신의 의사를 밝히고 사회의 각종 이슈에 참여하는 방법은 두 가지다. 바로 투표와 후원이다. 후원은 그동안 베풂, 나눔, 기부 등과 비슷한 뉘앙스의 단어로 인식돼왔다. '뒤에서 도와준다'는 뜻의 후원은 형편이 좀 더 나은 사람이 그렇지 못한 이를 도와준다는 맥락으로, 그 밑바탕에는 연민과 동정 등의 암묵적 의미도 깔려 있다. 이는 후원을 하는 자와 받는 자 사이의 쌍방향관계가 아닌 일방적 관계로 형편이 나은 사람이 가진 것을 나누어주는 의미가 강하다. '기브 앤드 테이크(give and take)'의 개념이 아니라, 단지 '주기만 하고 돌아오지 않는 것' 정도라고 할까.

그러나 오늘날 후원은 새로운 의미를 만들어가고 있다. 투표와 함께 자신의 정치적 의사를 정치후원금으로 표현하기도 하고, 자신의 의견을 대변하는 단체에 후원을 통해 지지 의사를 밝히기도 한다. 메디치 가문처럼 혹자는 예술가 후원을 통해 존경하거나 좋아하는 예술적 가치에 경의를 표현하기도 한다. 표현의 자유를 실현하는 또 다른 방법으로 후원이 새롭게 주목받고 있다. 재능기부도 좋고, 용돈의 10퍼센트도 좋다. 공감하고 지지하는 의견, 인물이 있다면 다양한 방법으로 '생각이 같다'는 것을 표현해보자. 후원은 표현의 또 다른 이름이다.

구겐하임 가문

예술을 사랑하라

미국 땅에 문화예술을 꽃피우다

메디치 가문이 유럽에서의 문화예술 부흥을 이끌었다면, 구겐하임 가문은 유럽 예술을 미국에 심어 미국만의 문화예술을 꽃피우게 한 집안이다. 구겐하임 가문은 20세기 초 유럽의 모더니즘을 미국에 이식함으로써 미국 예술 부흥의 시초를 마련하였다.

구겐하임 가문의 가주(家主)인 마이어 구겐하임은 스위스 아르가우주 렝나우의 독일계 유대인 가정에서 태어났다. 1847년에 미국으로 건너와 초기에는 수입업자 일을 하였고, 이후 광산경영과 제련업체로 변신해 큰 성공을 거뒀다. 그러나 앵글로-색슨 프로테스탄트(WASP: White Anglo-Saxon Protestant)계가 주도권을 잡고 있는 미국 사회 내에서는 자신들이 속하는 민족 집단 거주 지역(Ethnic Ghetto)을 벗어나지 못했다. 이후 미국인과 동등한 교육을 받으면서 민족 집단 거주 지역에서 벗어나게 된 이민 2세대는 금융업으로 불린 부를 활용해 문화사업에 투자한다. 이들은 이와 함께 더 확고한 미국인 신분을 보장받았다.

구겐하임 가문은 1937년 '솔로몬 R. 구겐하임재단'을 설립하고 전 세계의 예술품들을 모았다. 예술 작품 수집에 관심이 있었던 솔로몬은 다양한 미술관에 자금을 지원했고 1952년에는 직접 자신의 이름을 딴 뮤지엄을 만들었다. 이러한 구겐하임재단의 수집은 3대에 걸쳐 이루어졌다. 1920년대의 추상회화, 1942년 페기 구겐하임의 '금세기 화랑'의 초현실주의와 뉴욕 화파의 작품들, 그리고 1950년대 이후 미니멀 아트와 개념미술 작품이 그것이다.

당시 유럽은 나치즘 아래 추상 미술을 '타락한 미술'이라 규정해 추방시켰다. 쫓겨난 미술가들은 미국으로 향했고, 구겐하임재단이 이들을 후원하면서 미국은 현대예술의 중요 거점이 됐다. 구겐하임 가문은 유럽과 미국의 가난한 작가를 격려하며 그림을 사줬다. 구겐하임 가문의 예술 후원은 솔로몬의 조카딸 페기 시대에 가서 절정을 맞았다. 뉴욕의 '구겐하임 미술관'의 창시자인 페기는 구겐하임재단과는 별도로 달리, 마그리트, 피카소 등의 전위예술 작품을 모았다.

마이어 구겐하임과 벤자민 구겐하임

페기의 할아버지인 마이어는 펜실베이니아주 북동쪽 탄광 지역을 다니며 행상으로 새 인생을 시작했다. 버는 돈이 모두 팔 물건값으로 나가는 것을 깨닫자 마이어는 직접 제조업에 뛰어들었고, 고객이 품질에 대해 불평한 바가 있었던 난로 닦는 약을 새로 개발하기 시작했다. 화학자한 사람을 고용하고 기존의 약을 연구해서 살갗을 따끔거리게 하지 않고 얼룩을 남기지 않는 광택제를 발명했다. 80만 달러의 재산이 만들어지자 필라델피아의 타운하우스로 가족을 이주시켰다.

1880년대 이르러 스위스에 레이스 제조공장을 소유하게 됐고, 난로닦는 약 회사는 커피 에센스를 생산하는 공장으로 확장했다. 1881년에는 사업상의 채권을 정리하는 과정에서 콜로라도주 레드빌 근처에 아연과 은 광산을 가지고 있던 'A. Y.'와 '미니' 두 회사의 지분 중 3분의 1을 사들였다. 이 광산 원광석에서 은과 함께 상당량의 동광석을 확보하게된다. 마이어는 아들 벤저민과 윌리엄을 레드빌로 보내 금속학을 배우도록 하는 한편, 나머지 아들들과 함께 경제적인 동광 제련사업을 시작했다. 벤저민은 마이어의 다섯 번째 아들이자 페기의 아버지이다.

1882년 마이어는 'M. 구겐하임 선스'라는 회사를 설립하고 광산업과제련업을 확장한다. 마이어는 1888년 가족들을 뉴욕으로 이주시켰다.

1895년 벤저민은 동부로 와서 뉴저지주의 '퍼스 앰보이' 제련소를 운영한다. 여기서 그는 플로레트 셀리그먼을 만나 청혼하고 가정을 꾸린다. 이들의 결혼은 신분이 낮은 사람과의 결혼을 뜻하는 '메잘리앙스'

라고 불린다. 구겐하임 가문은 페기의 외가 셀리그먼 가문보다 재산은 훨씬 많았지만, 사회적 지위는 낮았다.

구겐하임 형제들은 구겐하임 개발 회사인 '구겐엑스'를 설립하고 동광과 은광을 매입한다. 당시 헨리 H. 로저스가 소유하고 윌리엄 록펠러와 아돌프 루이손이 지원하는 경쟁업체 '아메리카 제련 및 정제 회사(ASARCO)'가 등장한다. 구겐하임 가문은 1900년 금속 시장을 뒤엎은 노동자 파업을 이용해 ASARCO의 주가를 하락시켰다. 이어 이 회사의 주식을 매입했다. 급기야 록펠러 측에서 그 주식을 다시 매입하겠노라 제안하고, 구겐하임 가문은 이를 이용해 ASARCO의 이사회에 구겐하임 형제 전원이 참여하는 구겐엑스 측 대표단을 참가시킨다는 조건을 내세웠다. 구겐하임은 ASARCO를 지배하게 되고, 제1차 세계대전이 일어날 무렵, 은·동·아연 시장의 75-80퍼센트를 차지한다.

벤저민은 프랑스 에펠탑 북쪽 교각의 엘리베이터를 교체하는 계약을 따내느라 파리에 주로 머물고 있었다. 1912년 4월 뉴욕으로 돌아가려 할 때 벤저민이 예약한 배의 선원들이 파업에 들어가서 그는 대신 화이트 스타라인의 새 선박인 타이타닉에 승선하게 된다. 타이타닉은 잘 알려진 대로 빙산에 충돌해 침몰하고 벤저민 역시 타이타닉과 함께 바다에 가라앉았다.

이 사건은 페기에게 큰 충격으로 다가왔다. 페기는 훗날 "나는 수개월 동안 타이타닉의 악몽에서 벗어나지 못했고, 아버지에 대한 상실감으로 여러 해를 고생했다"고 회상했다. 벤저민의 죽음은 페기와 그의 어머니에게도 큰 시련을 안겨줬다. 벤저민이 죽은 후 형제들은 그의 재정 상태가 엉망임을 알게 됐다. 재산이 대폭 줄어든 것뿐만 아니라, 엘리베이터사업에 투자했던 돈도 거의 사라져가고 있었다. 그가 투자했던 각종 증권은 수익을 내지 못했고, 주가도 너무 낮아 팔 수 없는 상태였다. 플로레트도 나중에 이 사실을 알고는 지출을 줄이면서 하인들을 내보냈다. 많은 가구와 각종 패물, 개인 소지품도 팔았다. 다행히 그녀는 아버지로부터 받은 상당한 유산이 있었고, 벤저민의 형제들도 남은 재산을 현명하게 투자해 손해를 메꿨다.

전설적인 컬렉터 페기 구겐하임

페기는 벤저민의 둘째 딸이자, 뉴욕 구겐하임미술관을 설립한 솔로몬의 조카이다. 21세 때 재산을 상속받은 페기는 예술에 대한 탁월한 안목과 재력을 바탕으로 미술품을 수집하고 예술가를 후원했다는 평가를 받고 있다.

페기는 부유한 환경에서 자랐지만 여러 제약 속에서 갇혀 지내야 했다. 여자로서의 사회 진출에 제약을 받았으며, 반유대인 정서로 이질감을 느껴야 했다. 심지어 그녀의 어머니는 아버지가 타이타닉 사고로 세상을 떠난 뒤부터 자녀들의 교육과 생활에 집착하기 시작했다. 페기 역시 어머니의 간섭과 사회적 환경 제약 속에서 답답함을 느꼈다.

그러던 어느 날, 사촌인 헤럴드 로브와 그의 부인 마저리 콘텐트가 운영하는 서점 '선와이즈 턴'을 접하면서 삶에 조금씩 변화가 생겼다.
페기는 이 서점에서 일하면서 아방가르드 문화를 흡수했다.

구겐하임발바오미술관

페기는 1920년 말에 유럽여행을 떠났다. 플로레트가 이 여행을 주선 했는데, 딸이 뉴욕에서 만나는 사람들과 떼어놓으려는 바람에서 비롯 된 것으로 전해졌다. 플로레트는 페기가 만나는 예술인과 그녀의 관심 사에 대해 못마땅해했다. 결론적으로 페기의 관심을 옮겨놓기 위해 그 녀를 유럽으로 보내지만, 이는 오히려 그녀의 호기심을 폭발시키는 촉 매제가 되었다.

페기는 23세 때 파리로 이주했다. 그리고 이곳에서 디 키리코, 달리, 막스 에른스트, 이브 탕기 등 유럽 초현실주의 작가들과 친해지고 이들 의 작품을 많이 구입했다. 또 사무엘 베게트, 탕기, 브랑쿠지 등 당시 파 리의 유명한 전위적 예술가들과 연인관계로까지 발전했다. 페기의 첫 번째 남편은 로렌스 바일이라는 조각가였고, 두 번째 남편은 초현실주 의 화가 막스 에른스트였다. 로렌스는 외국에 사는 미국인 2세로서 고 정적인 직업은 없었지만, 문학과 미술에도 다재다능했으며, 예술가들과 어울리는 재주가 있었다.

페기는 유럽 현대미술가의 중요한 후원자이자 친구이자 연인이었다. 하지만 제2차 세계대전이 발발하면서 유대인인 그녀는 위험에 처했다. 다행히 1940년 비상구조위원회에 50만 프랑을 기부하고 미국으로 돌 아갈 탈출구를 마련했다. 이때 페기는 바일과 이혼한 상태였기 때문에 애인 막스 에른스트와 함께 미국으로 갔다. 시인이자 초현실주의 미술 평론가이기도 했던 앙드레 브르통에게도 미국으로 갈 수 있는 비행기 편을 마련해줬다. 페기는 재력을 통해 초현실주의 미술을 든든하게 후원했는데, 막스 역시 취리히 미술계에서 다다이즘 이후의 초현실주의에 참여한 독일인 화가였다.

1941년 뉴욕으로 돌아온 페기는 '금세기 갤러리'를 만들었다. 이 갤러리는 미술의 중심지가 파리에서 뉴욕으로 옮겨간 계기를 마련했다는 평가와 더불어 서양 현대미술사에서 중요한 역할을 했다는 평가를 받는다. 페기는 이 갤러리에서 아르프, 브라크, 디 키리코, 달리, 막스 에른스트, 자코메티, 칸딘스키, 미로, 피카소, 탕기 등 유럽의 전위적 작가들의 작품을 전시했다.

그녀의 갤러리는 수집뿐만 아니라 젊은 미국 작가들에게 데뷔의 기회를 제공했다. 페기는 주목받지 못했지만 재능 있는 신예화가 잭슨 폴록과 로버트 머더웰 등을 발굴하고 그들을 후원해 미국 미술계에 활력을 불어넣었다. 뉴욕으로 피난 온 마르크 샤갈, 로베르토 마타, 이브 탕기, 앙드레 마송, 쿠르트 셀리히만 등은 이 갤러리를 통해 잭슨 폴록, 마크 로스코, 로버트 머더웰을 만났다.

페기의 수집품들은 사후 구겐하임재단에 기증돼 미술 사조를 아우르는 컬렉션을 남겼다. 그리고 1950년 이후 구겐하임재단은 '구겐하임미술관'으로 바뀌었고 현대미술을 대표하는 장소적 성격을 지니게 됐다.

페기의 삶은 여성으로서 굴곡이 많았다. 1942년 막스와 5년 만에 이혼한 뒤 그는 금세기 갤러리 문을 닫고, 이탈리아 베니스로 가 죽을 때까지 그곳에서 살았다. 페기가 죽은 후 그의 유언에 따라 살던 집에 그의 컬렉션을 기반으로 만들어진 것이 바로 유명한 베니스의 페기 구겐하임미술관이다. 미국 현대미술의 중요한 작품들로 이뤄진 페기의 컬렉션은 유럽에서 보기 드문 것으로, 20세기 전반기의 서양 현대미술을 이해하는 데 매우 중요한 자료다.

구겐하임미술관 실내

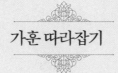

가훈 따라잡기

'만약 누군가를 당신의 편으로 만들고 싶다면, 먼저 당신이 그의 진정한 친구임을 확신시켜라.'

이는 에이브러햄 링컨이 말한 것으로 알려진 명언이다. 페기 구겐하임을 보면 이 명언이 떠오른다. 그녀는 예술가의 후원자이기 이전에 친구였다. 주목받지 못한 예술가를 발굴했으며, 그녀 역시 곤경에 처했을 때 이들로부터 도움을 받았다.

오래전부터 선조들은 친구의 소중함과 중요성을 강조해왔다. 그리고 개인주의적 성향이 다소 강화된 오늘날 부모들은 친구를 가려 사귀어야 하며, 곁에 좋은 친구를 두어야 함을 강조하곤 한다. 역으로 나 스스로는 인연을 맺고 있는 이들에게 좋은 친구인지 반문해보자. 내가 필요할 때만 친구를 찾는 것은 아닌지, 친구라고 생각했던 이에게 나는 힘이 되어주는 친구인지 한 번쯤 생각해보자.

타고르 가문

무엇을 느끼고 무엇을 생각하는가

힌두교의 명문가

타고르 가문의 역사는 18세기로 거슬러 올라간다. 타고르 가문은 벵골 힌두 왕국의 5대 명문가 중 하나였다. 그러나 타고르 가문은 힌두교를 국교로 하는 왕국의 명문가였음에도 이슬람 유력 가문들과 친했다. 힌두교도들에게 이런 모습은 좋게 보이지 않았고, 결국 타고르 가문은 주위의 탄압을 받는 것에 이어 카스트제도에서 가장 높은 계급인 브라만 계급을 박탈당했다.

더는 벵골 지역에서 살아가는 것이 불가능해진 타고르 가문은 문중회의를 열었다. 토론 끝에 이 가문은 대대로 살아온 고향을 떠나 다른 지역으로의 이주를 결정했다. 이들이 이주한 지역은 한적한 어촌 캘커

234

타였다. 타고르의 할아버지인 판차난은 어촌 캘커타의 번성과 더불어 예상보다 일찍 성공을 거뒀고, 벵골에 있을 때보다 훨씬 많은 부를 쌓았다. 판차난은 영국 등과 무역 거래를 하면서 외국인들을 자주 만났다. 이들은 '미스터 타쿠르'의 발음이 정확하지 않아 대신 '미스터 타고르'라고 불렀는데, 이것이 훗날 그냥 성으로 굳어졌다고 한다.

판차난은 막대한 재산을 가문만을 위해 쓰지 않았다. 대학과 도서관을 세우고, 가난한 사람들을 위한 의료 지원도 아끼지 않았다. 이때 그가 세운 도서관과 대학은 훗날 캘커타 국립도서관과 캘커타주립대학으로 발전했다. 그는 캘커타 최초의 병원을 비롯해 의과대학 설립에도 앞장섰다. 판차난의 아들이자 타고르의 아버지인 데벤드라나드는 사회개혁가이자 종교개혁가로서 '위대한 성인'으로 불렸다.

그는 문화예술 후원에도 앞장섰다. 타고르의 집에는 늘 시인과 학자, 종교개혁가, 철학자, 음악가, 무용가, 화가 등 문화·예술·종교·학계 인사들의 발길이 끊이질 않았다. 음악가들을 초대한 연주회도 자주 열렸다. 이러한 집안 분위기에서 자란 타고르는 훗날 정치뿐만 아니라 예술과 문학에서도 다양한 재능을 발휘한다.

판차난은 벵골에서 캘커타로 이동하는 동안 많은 것을 보고 느꼈다. 평소 느끼지 못했던 카스트제도의 모순을 비롯해 사회개혁, 가정의 중요성 등에 대해 고민하게 되었고, 이때의 경험을 통해 여행의 중요성을 깨달았다. 그는 캘커타로 옮길 때의 초심을 잃지 않고 틈만 나면 부지런히 여행을 다녔다. 여행을 다닐 때면 항상 장남 데벤드라나드와 함께했다.

판차난은 여행을 다니며 데벤드라나드에게 질문을 던지고 생각을 확장하도록 도왔다. 하루는 그가 히말라야 근처 야산 트레킹을 갔다 오다 갠지스 강가를 들렀다. 그곳에는 사람 키만큼 높이 쌓아 올린 장작에 불을 붙여 세상을 떠난 이를 함께 태우는 힌두교식 장례가 거행되고 있었다. 판차난은 아들에게 물었다.

"저 모습을 보면서 무엇을 느꼈냐?"

"재물을 많이 가지겠다고 욕심을 부려서는 안 된다는 걸 느꼈습니다. 이 세상을 떠날 때는 빈 몸으로 가는데 굳이 욕심을 부릴 필요도 없고요."

판차난은 아들의 대답에 흐뭇해하며 "그래. 우리 힌두교도들에게는 그저 자신을 태워줄 장작 값만 있으면 되는 거다. 그 이상은 필요하지 않아"라고 말했다.

판차난은 아들에게 산파술로 인성을 강조하곤 했다.

"우리 가문의 재산은 어떻게 해야 한다고 생각하느냐?"

"어렵고 힘든 사람들을 위해 써야 한다고 생각합니다."

"재물이라는 것은 나눌 때 가치가 있다. 자기 자신이나 가족만을 위해 쓰는 것은 결코 사람이 할 짓이 아니다. 그건 짐승도 할 줄 안다. 사람은 짐승과 달라야 한다."

타고르 가문의 여행교육법

데벤드라나드 역시 아버지의 영향을 받아 14명이나 되는 자녀들과 함께 여행을 다니며 훈육하기를 좋아했다. 타고르는 7세가 되기도 전에 과목별 가정교사를 두고 빡빡한 공부 일과를 소화해야 했다. 우선 아침에는 일어나자마자 레슬링을 했고, 귀족에게는 필수 과목인 라틴어를 배웠다. 수학과 이과 계통 공부를 등교하기 전까지 마치고 방과 후에는 운동과 영어 등을 공부했다. 그런가 하면 의과대학 학생으로부터 골격학을 배우기도 했다. 어린 시절 영문도 모르고 배운 골격학 덕분에 그는 훗날 해골에 대한 기억을 토대로 단편소설을 쓰기도 한다. 타고르는 오후에 학교에서 돌아오면 체조 교사에게 무려 한 시간 반 동안 평행봉 훈련을 받았다. 저녁 식사 전에는 그림 수업을 받았고 저녁 식사 후에는 영어 수업을 받았다. 타고르는 졸음을 이기며 공부하면서도 연습장에 틈틈이 시를 적으며 스트레스를 풀었다고 한다.

타고르는 획일적인 교육에 지쳤고, 교사, 친구 들과도 잘 어울리지 못했다. 그의 아버지는 이런 교육에 문제가 있음을 알고 있었지만, 관례를 무시하기도 어려웠다. 당시 명문가들은 이 같은 가정교육을 예외 없이 하고 있었다. 데벤드라나드는 타고르를 불러 여행을 제안했다. 데벤드라나드와 타고르는 장장 4개월에 걸쳐 히말라야를 여행했다. 타고르가 11세가 되던 해였다. 이는 10세 전후의 아이들이 행하는 인도 전통 성인식을 치르고, 이를 기념하기 위한 여행이기도 했다.

데벤드라나드는 인도의 교육 도시 산티니케탄에서 타고르에게 자연의 신비로움을 보여줬다. 대자연의 한가운데서 우주의 신비와 무한한 상상력을 맛보게 했다. 그리고 산스크리트어나 영어로 된 문학 작품을 읽게 했다. 밤하늘에 찬란한 별들이 빛나기 시작하면 아버지는 아들에게 우주의 신비로움 등 천문학에 관한 이야기를 들려주었다. 아들이 좋아하는 문학 작품을 주로 영어로 읽도록 커리큘럼도 짜주었다.

타고르 부자는 히말라야로 가는 도중에 힌두교와 이슬람 사상의 본질을 결합한 종교인 시크교 교도들의 성지로 불리는 지역에도 들렀다. 인도는 불교뿐만 아니라 힌두교의 발상지이기도 하다. 또 힌두교와 이슬람의 신비 사상을 접목한 시크교의 발상지이기도 하다. 다양한 종교로 인도는 종교 갈등이 심했는데, 데벤드라나드는 다른 종교에 대한 이해와 존중심을 아들에게 가르치고 싶어 했다. 종교개혁가였던 데벤드라나드는 아들에게 시크교의 황금사원을 참배하고 때로는 신도들의 모임에 참석해 찬송가를 부르게 했다. 이는 타고르의 사상에 큰 영향을 주었다.

산티니케탄과 시크교의 성지를 거쳐 히말라야에 도착한 타고르 부자는 해발 2천 미터 고지대에서 3개월 가까이 머물렀다. 그곳은 히말라야 삼나무로 울창했고, 타고르가 처음 보는 꽃들로 가득했다. 하늘을 올려다보면 흰 눈에 덮인 히말라야 봉우리의 모습이 펼쳐졌다. 타고르는 대자연의 신비로움에 매료돼 히말라야의 아름다움과 웅대함에 빠져들었다.

데벤드라나드는 타고르에게 자연의 신비와 경이로움을 가르치면서도 아침이면 일찍 일어나 공부를 시켰다. 타고르는 아침에 일어나자마자 인도의 고대 언어인 산스크리트어 공부를 시작했다. 이 공부가 끝나면 타고르 부자는 아침 우유를 마셨다. 데벤드라나드는 기원전 1000년

전에 산스크리트어로 쓰인 '우파니샤드'를 읽었다. 아버지가 낭송하면 아들은 음률을 들었다. 태양이 떠오를 때쯤 부자는 히말라야의 정기를 호흡하면서 아침 산책에 나섰다.

긴 여행은 타고르의 순수한 감성과 창의성을 일깨워주었다. 그러나 제도권 공부는 역시 그에게 맞지 않았다. 타고르는 여전히 학교에서 잘 적응하지 못했고, 14세 때 급기야 자퇴를 했다. 이후 사립학교와 공립학교를 전전했지만 적응하지 못했고, 영국계 학교에 입학했지만, 또다시 자퇴했다. 타고르는 17세 때 영국으로 유학을 떠났지만 역시 적응하지 못했다. 톨스토이와 마찬가지로 타고르 역시 평생 단 한 장의 졸업장도 받지 못했다.

타고르는 학교에 잘 적응하지 못했지만, 독서를 통해 지식을 습득했다. 10대 후반에 셰익스피어를 비롯해 괴테, 단테, 바이런 등의 문학 작품을 섭렵했다. 또한 산스크리트어 경전과 인도 시인들의 영감에 넘친 시들을 접하면서 학문의 깊이를 몸으로 느꼈다. 이런 습관은 자연스럽게 소설, 단편, 희곡, 평론, 전기, 종교, 철학 등과 관련된 다양한 분야의 책 출간으로 이어졌다. 그는 뮤지컬을 비롯해 2,000여 곡의 음악을 작곡했는데, 이 중 600여 곡은 오늘날에도 인도와 방글라데시에서 애창되고 있다. 인도와 방글라데시의 국가는 타고르가 직접 작사하고 작곡한 것이다. 또 그림에도 열정을 보여 수채화 3,000여 점을 남기기도 했다. 그뿐만 아니라 근대과학 입문서인《우주 입문》도 펴냈다. 학교 졸업장 하나 없었지만, 여행 경험과 독서에서 비롯된 풍부한 지식을 바탕으로 저명한 시인과 예술가의 반열에 오른 것이다.

동양 최초의 노벨 문학상 수상자

타고르는 52세 되던 1913년, 동양인 최초로 노벨 문학상을 수상했다. 그에게 수상의 영광을 안겨준 작품은 신에게 바치는 송가라는 의미의 장시 '기탄잘리'였다. 당시만 해도 유럽과 미국 등 서방 세계에서는 인도 문학에 무지했다. 식민 종주국이었던 영국에서도 인도 문학에 대해서는 큰 관심이 없었다.

타고르에게 노벨 문학상을 안겨준 시는 타고르 가문이 즐겼던 여행과 밀접한 관련이 있다. 타고르는 노벨상을 받기 전해인 1912년 영국 여행에 나설 계획을 세웠다. 그러나 배를 타기 직전 갑자기 졸도해 여행을 연기하고 건강을 추슬렀다. 타고르는 조용히 요양하며 벵골어로 쓴 자신의 시를 영어로 번역하는 일에 매달렸다. 이때 '기탄잘리'도 영어로 번역됐다.

타고르는 몸이 회복되자 다시 영국으로 가는 배에 올랐다. 영국에서 그는 로젠스타인이라는 한 무명 화가를 만났다. 조카들이 영국에 유학 했을 때 친하게 지내던 사람이었다. 타고르는 별생각 없이 자신이 번역한 시를 로젠스타인에게 보여줬다. 로젠스타인은 문학에 그다지 소양이 없는 자신이 봐도 대단한 걸작이라는 생각에 깜짝 놀랐다고 한다. 그는 이 시를 평소 잘 알고 지내던 유명 시인 윌리엄 예이츠에게 전달했다. 윌리엄 역시 이 시를 보고 감탄했고, 타고르의 엉성한 번역에 직접 손을 대 교정에 나섰다. 이렇게 타고르의 시는 영국에서 출간되는 행운을 잡았고, 이를 계기로 타고르는 노벨 문학상의 영예를 안았다.

타고르의 작품 세계는 여행과 밀접한 연을 맺고 있었다. 기탄잘리에도 여행, 여행자, 순례자라는 단어들이 적지 않게 등장한다. 여행과 이를 통한 감정이 그의 작품에 깊이 반영되어 있다는 증거이겠다. 그는 '나는 히말라야를 통해 많은 것을 배웠다. 나무나 구름과 친해질 수 있었다. 그것들은 그대로 나의 시 세계에 큰 영향을 미쳤다'라고 소회를 기록했다.

타고르는 노벨상을 받은 이후 생애의 후반기를 여행과 21권에 이르는 저서 집필에 쏟았다. 1920년대 중반부터 25년 동안 유럽, 아메리카, 중국, 말레이 반도, 인도네시아 등을 여행했다.

타고르는 한국과도 인연을 맺었다. 도쿄를 여행하던 중에 타고르는 동아일보 도쿄지국장으로부터 조선 방문을 요청받았지만 갑작스러운 일정 변경이 어려워 한 편의 시를 보내 아쉬움을 달랜다. 타고르는 동아일보 기자에게 영어로 된 6행으로 구성된 메시지 형태의 짧은 시를 보냈는데, 1929년 동아일보는 이 시를 번역해 4행으로 구성된 '조선에 부탁'이라는 제목으로 게재했다. 일본 제국주의 압제에 허덕이던 조선의 독립을 염원하는 내용이었다. 이후 이 시는 '동방의 등불'이라는 제목으로 소개되는데 원래의 4행에 '기탄잘리'의 일부 내용이 덧붙여진 형태였다.

일찍이 아세아의 황금 시기에

빛나던 등불의 하나인 조선

그 등불 한 번 다시 켜지는 날에

너는 동방의 밝은 빛이 되리라

타고르는 당시 식민 통치 속에서 고통스러워했던 조선 민족의 현실을 분명하게 인식하고 있었던 것으로 보인다. 그가 1916년 조선 민족에게 보냈던 또 다른 시 '패자의 노래'에도 이런 흐름을 엿볼 수 있다. 이 시는 타고르가 첫 번째 일본 방문 때 만났던 일본 유학생 진학문의 요청으로 조선 민족에게 보냈던 시다. 진학문은 〈청춘〉을 발간하던 최남선의 의뢰를 받아 〈청춘〉의 기자 자격으로 타고르를 만났다. 이 시는 1917년 〈청춘〉의 11월 호에 '쫓긴 이의 노래'라는 제목으로 영문 텍스트와 함께 번역, 소개됐다. 이 시에서 그는 비유법을 통해 조선의 해방 갈망을 표현했다. 타고르의 시는 특히 승려 시인 한용운에게 큰 영향을 줬다.

여행의 가치

타고르 가문의 여행을 통한 학습은 훗날 학교 설립으로 이어진다. 데벤드라나드는 당시 산티니케탄의 넓은 땅을 보유하고 있었는데, 젊은 시절 자신의 아버지를 따라 자주 들렀던 이곳의 평원에 거금을 투자해 땅을 구입한 것이었다. 타고르가 태어난 지 얼마 되지 않아 그는 캘커타에서 약 100마일 정도 떨어진 산티니케탄의 친구 집으로 가던 중 광활한 평원을 만났다. 그 광경에 압도당한 그는 그 땅을 사들인 것이다. 그는 이 땅에 건물을 짓고 명상, 참선 등을 행하는 각급 종교의 도량으로 활용했다.

학교 설립을 추진한 것은 타고르였다. 타고르는 자신의 어린 시절을 떠올리며 자녀들을 학교에 보내는 대신 홈스쿨링을 했다. 그러나 자녀들은 아버지의 교육 스타일을 잘 따라가지 못했다. 큰딸은 차라리 학교를 보내달라며 어려움을 호소했다. 아이들의 불만이 커지자 타고르는 학교를 설립하겠노라 결심했다. 타고르의 아버지 역시 산티니게탄 땅을 대안교육 공동체 설립 용도로 내놓겠다는 의사를 내비쳤다.

타고르가 40세 되던 1901년, 학교가 설립됐다. 학생은 타고르의 자녀 5명을 포함해 10명 남짓이었다. 이후 1921년 이 학교는 인도국제대학인 비슈바바라티대학으로 발전했고, 국립대학으로 승격했다. 동양과 서양의 문화를 연구하는 대학으로 발전했으며, 인도 뭄바이의 발리우드 영화계를 지배하는 유명 감독들을 배출한 예술대학으로도 유명하다. 타고르의 자녀 샤르밀라도 영화배우로 알려져 있다.

타고르가 학교를 세운 도시는 현재 유치원부터 국립대학까지 갖춘 세계적 교육 명소로 각광받고 있다. 특히 노벨상 수상자를 두 명이나 배출한 도시로 명성이 높다. 타고르에 이어 빈곤 문제를 파고든 영국 케임브리지대학교의 아마르티아 센이 1998년 노벨 경제학상을 받았다. 아마르티아는 비서양인 최초로 노벨 경제학 수상자라는 기록을 갖고 있다.

인도 캘커타에는 타고르의 생가를 그대로 보존해 조성한 기념관 타고르 하우스가 있다. 이곳에는 그의 사진이 전시돼 있는데, 상당 부분 그가 유럽 등 전 세계를 여행할 때 찍은 것들이다. 타고르의 삶이 여행으로 시작돼 문학이라는 결실로 이어졌다는 사실을 보여주는 자료다.

타고르 가문에는 14남매 중 막내였던 타고르 외에도 문학, 예술계에 종사하는 재능 넘치는 사람들이 가득하다. 타고르의 첫째 형은 시인, 음악가, 철학자, 수학자로 타고르에게 많은 영향을 줬다. 둘째 형은 우리나라 고시에 해당하는 인도 고등문관을 최초로 통과한 수재로, 산스크리트학자였다. 다섯째 형은 음악가, 시인, 화가, 극작가로 이름을 날렸다. 또 다섯째 누나는 음악가이자 벵골 최초의 여류소설가로 살았다.

이는 타고르 가문의 여행교육이 자녀들의 창의력과 풍부한 감성을 끌어올리는 독특한 교육법이 됐음을 방증하는 대목이다. 타고르 가문은 할아버지와 아버지에 이어 3대째 타고르라는 위대한 인물을 배출했다. 타고르는 인도에 근대교육을 뿌리내리게 했을 뿐 아니라 시인과 교육자로서도 큰 명성을 얻었다.

가훈 따라잡기

'무엇을 느꼈는가?'

'무엇을 생각하는가?'

이는 타고르 가문이 자손들에게 끊임없이 던진 질문들이다. 이 질문 속에서 자손들은 사고의 깊이를 확장할 수 있었고, 나아가 자신만의 생각과 가치를 정립할 수 있었다.

타고르 가문이 우리에게 주는 교훈은 '자유로움 가득한 교육'의 중요성이다. 타고르의 아버지는 교육의 틀에 자녀를 가두지 않았다. 오히려 타고르의 의견을 존중하며 자유로운 교육방식을 추구했다. 이러한 교육철학 덕분에 타고르는 지식은 물론 폭넓은 감수성을 갖춘 인물로 성장하였다.

요즘 우리 부모들은 어떠한가? 분명한 교육철학을 가지고 아이들을 교육하고 있을까? '내가 그래왔으니까' 혹은 '다른 집 아이들은 다들 그렇게 한다'는 이유로 내 아이를 철학도 없는 교육틀 안에 억지로 밀어 넣고 있는 것은 아닌지 반문해봐야 할 일이다. 한 명의 아버지는 백 명의 스승보다 나은 법이다.

전형필 가문

나라의 유산을 지켜라

국내 문화예술계의 숨은 주역

메디치 가문과 구겐하임 가문이 유럽과 미국의 문화예술을 부흥시키는 데 큰 역할을 했다면, 우리나라에는 간송(澗松) 전형필 가문이 있다. 이 가문은 일제강점기 시대, 엄청난 유산을 물려받았으나 억만금의 재산과 젊음을 바쳐 일본으로 유출되는 우리나라의 문화재를 수집했다.

전형필은 1906년 태어났다. 정3품 궁내부 참사관을 지낸 증조할아버지 전계훈 가주 아래 그의 집안은 18세기 후반과 19세기 초반에 큰돈을 모았다. 이를 바탕으로 종로 4가의 상권을 장악하고 황해도, 충청도, 전라도 등지의 땅까지 소유했는데, 이러한 집안의 재산을 전형필은 1920년대 고작 10대 후반 때 상속받았다.

전형필은 지금의 효제초등학교인 어의동보통학교를 졸업한 뒤 휘문고등보통학교를 졸업했다. 당시 학교에는 미술 교사가 한 명 있었는데, 그는 한국 최초 서양화가로 유명한 춘곡(春谷) 고희동이었다. 그는 척추장애우이면서도 일본으로 유학을 떠나 명문으로 유명한 우에노 미술학교를 졸업한 화가였다. 고희동과 전형필은 학교 밖에서도 자주 만나 고민을 나누곤 했다.

어느 날 전형필은 앞으로 무엇을 해야 할지 모르겠다며 스승에게 고민을 털어놨다. 당시 전형필 가문은 높은 벼슬은 아니지만 대대로 나라의 녹을 먹었으니 그 역시 나라를 위한 길을 가야 한다는 말을 듣고 있었다. 전형필은 이런 가문의 뜻을 받아들여 일단 법학을 공부하기로 했다. 그러나 이를 직업으로 삼고 싶지는 않았다. 고희동은 전형필에게 법학 공부를 한 뒤 문화재를 지키는 일에 집중해볼 것을 권유했다. 이후 전형필은 1926년 도쿄 와세다대학에 들어가 법을 공부하며, 문화재 보존에 대한 생각을 조금씩 키워나갔다.

전형필이 일생일대의 전환점을 맞은 건 위창(葦滄) 오세창을 만나면서부터였다. 오세창은 개화를 선도한 개화파이면서도 3.1운동을 주도한 민족대표였다. 추사(秋史) 김정희의 학맥을 전통으로 이어받았고 한학에서도 최고의 대학자였다. 전형필은 오세창의 영향을 받아 민족을 생각하고 문화를 수호하겠다는 뜻을 품게 되었다.

그렇게 전형필은 문화재를 본격적으로 수집하기 시작했다. 수집한 문화재들이 늘어나자 사설 박물관을 세우기로 하고, 지금의 서울 성북동 성북초등학교 부근에 있던 서양식 별장을 사들여 '북단장'을 건축했다. 그리고 수집한 문화재를 보존하기 위해 1938년에는 북단장 내에 개인 미술관을 세웠다. 그는 미술관을 '조선의 보배를 두는 집'이라는 의미로 보화각이라 하였다.

우리 문화재가 나라 밖으로 빠져나가는 상황을 두고 볼 수 없었던 전형필은 '한남서림'이라는 고서점을 인수했다. 이후 한남서림으로 들어오는 책 중 진서나 희귀본이 있으면 학자들과 함께 살핀 후, 그 가치가 확인되면 보화각에 설치한 '간송문고'로 옮겼다. 당시《동국정운》,《동래선생교정북사상절》등 소중한 자료들이 이곳에 모였다.

그런가 하면 일본에 빼앗긴 문화재를 적극 인수하는 데에도 앞장섰다. 그가 국보 제68호로 지정된 '청자상감운학문매병'을 일본인 수장가로부터 2만 원(당시 기와집 20채의 가격)에 구입했다는 일화는 유명하다. 또 일제의 민족 말살정책이 극에 달했던 1942년에는《훈민정음 해례본》을 일제보다 먼저 발견하고 수집, 한국전쟁 때 주요 유물들을 가지고 피란했으며, 휴전 후 후진 양성에 힘쓰는 등 우리 예술품을 지켜왔다.

전형필의 우리 문화재 환수 활동과 관련해 전설처럼 내려오는 몇몇 이야기가 있다. 그중 하나가 바로 고려청자 수집가인 영국인 존 개스비와의 일화다. 영국 귀족 출신 국제 변호사였던 개스비는 도쿄에서 20년간 머물다가 영국으로 돌아가면서 수집한 청자를 처분하고자 했다. 이 소식을 들은 전형필은 도쿄로 갔다. 50대에 접어든 개스비는 일본인이 나타날 것이라 예상했지만, 30대의 조선 청년이 나타나자 놀랐다.

개스비는 청자 22점을 내놓으면서 협상 가격으로 55만 원을 제시했다. 전형필이 제시한 가격은 1점당 15,000원씩 33만 원이었다. 하루 두세 차례 협상이 벌어졌고, 협상 가격은 52만 원과 36만 원에서 더 이견을 좁히지 못하고 있었다. 개스비는 결국 대영박물관에 청자를 매각하는 방안을 찾겠다 했고, 협상은 결렬됐다.

이후 개스비는 대영박물관과 접촉했지만, 당시 대영박물관은 제1차 세계대전 이후 유럽에 떠도는 명화에 더 큰 관심을 두고 있었다. 개스비는 다시 한국으로 돌아와 전형필과 협상에 나섰다. 일본인에게 팔기 전에 청자의 주인인 조선인과 다시 한 번 만나보고 싶었기 때문이다. 이 자리에서 전형필은 협상에 앞서 개스비를 데리고 공사장에 갔다. 전형필은 성북동 박물관 건축 현장을 개스비에게 보여주며 말했다.

"개스비 선생, 나는 귀하가 그동안 힘들여 수집한 고려청자를 이곳에 전시하면서 조선에도 이런 찬란한 문화가 있다는 사실을 우리 동포들에게 보여주고 싶습니다."

개스비는 전형필을 많은 유산을 상속받은 수집광 조선 청년 정도로만 생각했다. 그러나 고국의 문화유산을 되찾아 전시하겠다는 식민지 청년의 생각에 감동하며 존경심마저 생겼다. 결국, 개스비는 협상 가격을 40만 원으로 양보하며 대신 조그만 청자 두 점을 자신이 보관하며 영국에서 감상하다 대영박물관에 기증하겠다는 조건을 제시했다. 청자를 사랑한 개스비를 보며 전형필 역시 이에 응했다. 40만 원은 당시 기와집 400채 값이다. 이 기와집 400채의 승부는 한국미술사에 큰 획을 그은 사건으로 남아 있다. 명품 청자 20점은 이렇게 우리나라로 돌아왔고, 이 중 7점은 광복 후 국보와 보물로 지정됐다.

간송 전형필이 남긴 것들

평생을 문화재 수집과 보존에 바친 전형필은 1962년 20세나 많은 스승 고희동보다도 3년이나 빨리 신장염으로 세상을 떠났다. 그는 자신의 컬렉션과 자녀들 외에는 이승에 남긴 것이 크게 없다. 그가 떠난 후 보화각은 1966년 4월 설립된 한국민족미술연구소 부설 '간송미술관'으로 개칭됐다.

전형필의 검소함과 나라를 사랑하는 애국 정신은 후대에도 전해지고 있다. 그를 따랐던 후학들이 훗날 그의 연보를 채우려다 빈칸이 너무 많아 애를 먹었다는 얘기도 있다. 그런가 하면, 그는 생활이 어려운 동창이나 선배, 스승에게 생활비와 학비를 아낌없이 후원했다. 또 전국 각지에 불법 건물이 들어서도 그대로 뒀고, 자신 소유의 점포들이 임대료를 내지 않을 경우에도 상인들에게 화를 내거나 불평하지 않았다 한다.

전형필이 남긴 가장 큰 유산은 한국미술사에 미친 무수한 영향이다. 해방 이후 그는 미 군정청에서 고적보존위원으로 위촉돼 보존해야 할 문화유산 목록을 작성했다. 1948년 건국 후에는 문화재보존위원으로 활동하면서 국립박물관 관원 최순우 등과 함께 유적 답사를 다녔다.

그러나 그의 이런 행복은 한국전쟁 발발로 끝나버렸다. 인민군이 서울을 점령하면서 보화각의 소장품을 접수할 공산당원들이 들이닥친 것이다. 전형필은 가족들을 모두 외가로 보내고 보화각에서 멀지 않은 빈집에 몸을 숨긴 채 동태를 살폈다. 당시 공산당은 국립박물관을 지키던 혜곡 최순우와 고서화 수집가이자 서예가인 소전 손재형을 데려와 전형필의 소장품을 포장했다. 미술품 전문가들인 이들이 작품을 훼손시키지 않고 잘 포장할 것이라는 계산에서였다. 최순우와 손재형은 전형필 소장품의 우수성과 중요성을 잘 알고 있었기에 온갖 핑계를 대며 포장을 지연시켰다. 이 과정에서 몰래 숨어서 동태를 살피던 전형필과 만나 전쟁 진행 상황을 들으며 인민군이 물러갈 때까지 최대한 미술품 반출을 지연시켰다. 결국 인민군은 물러갔고, 전형필의 소장품도 모두 무사히 지킬 수 있었다.

그러나 중공군의 인해전술에 국군과 연합군이 다시 밀린다는 소식에 전형필은 일부 소장품을 보화각에 두고 중요한 것만 챙겼다. 그렇게 소장품을 기차에 싣고 부산으로 피난을 떠나 또다시 미술품을 지켜냈다. 하지만 보화각에 두고 온 소장품들이 돌아다니자 전형필은 잃어버린 책을 수백 권씩 다시 사 오는 일을 되풀이했다. 한국전쟁이 끝난 후 그는 젊은 학자들이 근무하는 국립박물관을 자주 찾아 이들을 격려하고 같이 어울렸다.

전형필의 문화재 보존 정신은 후대에도 꾸준히 이어지고 있다. 그의 후손 대부분이 문화예술계에 종사하며 한국미술사의 발전에 이바지하고 있다.

전형필의 2남 3녀 중 장남 전성우는 서울대학교 미대를 졸업한 후 샌프란시스코 예술학교와 오하이오대학교에서 미술과 미학을 전공했다. 귀국 후에는 서울대학교 미대에서 교수생활을 했다. 차남 전영우는 서울대학교 미대를 나와 고고학을 다시 공부했다. 그는 상명여자대학교 미술과 교수를 거친 뒤 아버지의 뜻을 이어받아 간송미술관 부설 한국민족미술연구소 관장 겸 소장으로 일하고 있다.

전성우의 장녀 전인지는 미술사를 전공한 뒤 국립중앙박물관 학예관으로 일하고 있으며, 둘째 전인수는 화가로 활동하는 것으로 전해진다. 전영우의 장녀 전인강은 금속 공예가로 활약하고 있으며, 둘째 딸 전인희와 막내아들 전인성은 도예가와 조각가로 활동 중이다.

제2의 전형필 가문들과 남은 과제

간송 전형필 이후, 문화대국을 꿈꾼 이병철 삼성그룹 창업주, 음악영재에 깊은 애정을 보인 박성용 전 금호아시아나 명예회장 같은 기업가들이 꾸준히 문화예술을 후원하고 있다. 특히 박삼구 금호아시아나 회장이 박성용 명예회장에 이어 제9대 한국메세나협회 회장 자리에 오르며 한국의 메디치 가문을 자처하고 있다.

한국메세나협회에 따르면 2015년 우리나라 기업의 문화예술 지원 규모는 전년보다 1.9퍼센트 소폭 늘어난 1,805억 2,300만 원으로 집계됐다. 이는 총 609개 기업이 1,545건의 사업에 지원한 금액이다. 최근

10년간 지원금액은 1,500억 원에서 1,800억 원 사이에 머물렀다. 상위 10개 문화재단에는 삼성문화재단, LG연암문화재단, 금호아시아나문화재단, 두산연강재단, GS칼텍스재단, CJ문화재단, 현대차정몽구재단, 대산문화재단, 포스코1%나눔재단, SBS문화재단 등이 이름을 올렸다.

많은 기업이 국내 문화예술을 지원하고 있지만, 예술 장르별 '편식 현상'은 아쉬운 대목이다. 분야별 지원금을 살펴보면 인프라(958억 9,200만 원)를 비롯해 클래식(201억 4,000만 원), 미술 전시(164억 9,000만 원), 문화예술교육(110억 1,000만 원) 등이 많았다. 특히, 미술 분야 지원금액은 전년보다 29.9퍼센트가 늘었다. 반면, 전통예술(31억 3,600만 원), 무용(32억 3,400만 원), 문학(35억 4,600만 원)은 상대적으로 적은 금액을 지원받는 데 그쳤다.

일명 김영란법으로 불리는 청탁금지법에 따른 기업들의 문화예술 지원 축소도 우려되는 부분이다. 메세나 활동을 하고 있는 대기업 및 중소기업 총 80곳을 대상으로 한 설문조사 결과, 김영란법 시행으로 '기업의 예술계를 향한 후원 · 기부 등 메세나 활동이 위축될 것'이라고 답한 기업의 비율이 70퍼센트에 달하는 것으로 조사됐다는 보도도 나왔다.

이제 우리 문화예술계는 전반적인 구조 변화가 필요한 시기를 맞고 있다. 그동안 기업들은 국내 문화예술계를 지원하며 신진 예술인을 발굴하고, 예술의 번영을 이끌었다는 평가를 받았다. 그러나 이는 대기업 의존 심화라는 부작용으로도 이어지고 있다는 것이 개인적 생각이다. 기업들이 글로벌 경기침체와 내수악화로 허리띠를 졸라맬 경우 가장 먼저 타격을 받는 곳이 문화예술 후원일 수 있다. 창작의 자유가 기업과 자본 시장의 논리에 영향을 받을 우려도 있다.

지금부터 조금씩 문화예술의 국민적 관심을 고취시키고 예술 작품이 올바른 평가를 받을 수 있도록 건전한 문화예술 소비 시장을 형성해야 한다. 거창한 국가 차원의 문화예술 후원보다는 문화예술계 부흥을 저해하는 여러 규제를 걷어내는 일도 중요하겠다. 또한 모조품, 불법 거래, 자금세탁 등 예술 시장을 해치는 불법 행위에 대한 엄중한 처벌도 병행되어야 한다. 이와 함께 예술인들이 작품 활동에 전념할 수 있는 환경 등 실용적인 정책이 조성되어야 한다.

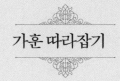

가훈 따라잡기

전형필 가문이 우리에게 남긴 교훈은 '올바르다고 믿는 것과 그를 따르는 신념'이다. 이 가문은 우리 문화재 보존을 꼭 지키고 따라야 할 신념으로 삼았고, 이를 실천하고자 부단히 노력했다.

신념을 따르는 데는 많은 희생과 포기가 필요하다. 항상 반대편의 간섭과 훼방이 있게 마련이고, 때로는 무언가를 지키기 위해 또 다른 하나를 내주어야 할 때도 있다. 그럼에도 위인들은 하나같이 수많은 고난과 역경 속에서도 신념을 지키기 위해 노력했다.

자신만의 신념을 세워보자. 국가와 민족을 위한다면 좋겠지만, 거창하고 원대하지 않아도 좋다. 가족 구성원들과의 소통 신념도 좋고, 각자의 역할에 최선을 다하는 책임 신념도 좋다. 확고한 신념이 생긴다면 삶을 살아가는 가치와 기준이 좀 더 명확해질 것이다.

| 참고 문헌 |

홍순도, 《명가의 탄생》, 서교출판사, 2009.

최효찬, 《세계 명문가의 자녀교육》, 예담, 2006.

이충렬, 《간송 전형필》, 김영사, 2010.

권혁기, 《마쓰시타 고노스케》, 살림출판사, 2009.

팀 팍스, 《메디치 머니》, 황소연 역, 청림출판, 2008.

메리 V. 디어본, 《페기 구겐하임》, 최일성 역, 을유문화사, 2006.

데니스 브라이언, 《퀴리 가문》, 전대호 역, 지식의숲, 2008.

존 캠프너, 《권력 위의 권력 슈퍼 리치》, 김수안 역, 모멘텀, 2015.

우지앙 · 장용 · 왕영차이, 《미국 대통령 가의 가훈》, 노경아 역, 문학수첩리틀북스, 2007.

프리츠 쾨크틀레, 《노벨》, 윤도중 역, 한길사, 2000.

이규현, 《미술경매 이야기》, 살림, 2008.

김우조, 〈낯선 문학 가깝게 보기 : 인도문학〉, 2013, http://terms.naver.com (2016)

박중서, 〈인물 세계사 – 알프레드 노벨〉, 2010, http://navercast.naver.com (2016)

표정훈, 〈인물 세계사 – 공자〉, 2010, http://navercast.naver.com (2016)

표정훈, 〈인물 세계사 – 코시모 메디치〉, 2010, http://navercast.naver.com (2016)